Quali

Original-Prüfungsaufgaben

Bayern

Deutsch als Zweitsprache (DaZ)

7. Auflage
www.stark-verlag.de

Inhalt

Vorwort

Qualifizierender Abschluss der Mittelschule – DaZ: Hinweise und Tipps

Wer kann teilnehmen? 1
Aufbau der Prüfung 1
Punkte und Bewertung 1
Hilfsmittel 2

Die schriftliche Prüfung

1 Teil A: Zuhören 3
1.1 Zuordnen 4
1.2 Multiple-Choice 4
1.3 Richtige Aussagen ankreuzen 5
1.4 Offene Fragen 6
1.5 Lückentext 6

2 Teil B: Sprachgebrauch – Sprachbetrachtung 7
2.1 Wörter finden 7
2.2 Einen Lückentext vervollständigen 8
2.3 Sätze bilden 9
2.4 Satzzeichen ergänzen 9

3 Teil B: Sprachgebrauch – Rechtschreiben 10
3.1 Groß- und Kleinschreibung 10
3.2 Rechtschreibfehler finden 10
3.3 *das* oder *dass* einsetzen 11

Über den QR-Code kannst du Lernvideos zu wichtigen Rechtschreibregeln abrufen.

4 Teil C: Lesen 12
4.1 Richtig oder falsch? 12
4.2 Textabschnitte zuordnen 13
4.3 Aussagen aus dem Text notieren 13
4.4 Aussagen/Zitate erklären 14

5 Teil D: Schreiben 14
5.1 Die eigene Meinung begründen/Stellung nehmen 14
5.2 Bilder analysieren 15
5.3 Impulsgesteuertes Schreiben 16

Die mündliche Prüfung

1 Einführungsgespräch 18
2 Vorbereitetes Kurzreferat 18
3 Gespräch über das Kurzreferat 19
4 Impulsgesteuertes Sprechen 19
5 Hörverstehen 20

Übungsaufgaben im Stil der Prüfung

Übungsaufgabe 1

Teil A: Zuhören . . . 21
Teil B: Sprachgebrauch . . . 24
Teil C: Lesen: Wer gut frühstückt, ist besser in der Schule . . . 26
Teil D: Schreiben . . . 30
Lösungsvorschläge . . . 36

Übungsaufgabe 2

Teil A: Zuhören . . . 49
Teil B: Sprachgebrauch . . . 52
Teil C: Lesen: Tschick . . . 55
Teil D: Schreiben . . . 59
Lösungsvorschläge . . . 65

Offizielle Musterprüfungen

Musterprüfung 1

Teil A: Zuhören . . . 77
Teil B: Sprachgebrauch . . . 80
Teil C: Lesen: Das Märchen vom Glück . . . 82
Teil D: Schreiben . . . 88
Lösungsvorschläge . . . 95

Musterprüfung 2

Teil A: Zuhören . . . 109
Teil B: Sprachgebrauch . . . 112
Teil C: Lesen: Müll – der achte Kontinent . . . 115
Teil D: Schreiben . . . 120
Lösungsvorschläge . . . 126

Original-Prüfungsaufgaben

Abschlussprüfung 2022

Teil A: Zuhören . . . 2022-1
Teil B: Sprachgebrauch . . . 2022-4
Teil C: Lesen: Ehre die Menschen, die dir dienen . . . 2022-7
Teil D: Schreiben . . . 2022-13
Lösungsvorschläge . . . 2022-21

Abschlussprüfung 2023

Teil A: Zuhören . . . 2023-1
Teil B: Sprachgebrauch . . . 2023-4
Teil C: Lesen: Benimm ist in . . . 2023-7
Teil D: Schreiben . . . 2023-12
Lösungsvorschläge . . . 2023-19

Über die Plattform MySTARK gelangst du zu allen Audiodateien.

Nutze dafür den vorne im Buch abgedruckten Link und deinen Zugangscode.

Audiodateien

Übungsaufgabe 1	Track 1
Übungsaufgabe 2	Track 2
Musterprüfung 1	Track 3
Musterprüfung 2	Track 4
Abschlussprüfung 2022	Track 5
Abschlussprüfung 2023	Track 6

Track 1 und 2 gesprochen von: Eva Adelseck, Katharina Löffler, Markus Stahmann, Stefan Waas
Hintergrundgeräusche: freesound, pacdv

Lernvideos

Wenn du den QR-Code mit deinem Smartphone oder Tablet scannst, kannst du fünf Lernvideos abrufen, die dir wichtige Rechtschreibregeln erläutern.
Im Hinblick auf eine eventuelle Begrenzung des Datenvolumens empfehlen wir dir, dass du dich beim Ansehen der Videos im WLAN befindest. Hast du keine Möglichkeit, den QR-Code zu scannen, findest du die Lernvideos auch unter:

https://stark-verlag.de/qrcode/rechtschreibung-deutsch

Themen der Videos:

- Großschreibung
- Nominalisierung
- Kommaregeln bei Haupt- und Nebensätzen
- Kommasetzung bei Infinitivgruppen
- Rechtschreibstrategien

Autor der Übungsaufgaben und der Lösungsvorschläge zu den Muster- und Originalprüfungen: Tobias Burgis

Vorwort

Liebe Schülerin, lieber Schüler,

das vorliegende Buch hilft dir dabei, dich auf den Quali im Fach Deutsch als Zweitsprache vorzubereiten. Seit dem Schuljahr 2021/2022 enthält der Quali den neuen Prüfungsteil „Zuhören". Außerdem hat das Kultusministerium die anderen Prüfungsteile leicht überarbeitet und neu gegliedert.

Du findest in diesem Buch zwei **Übungsaufgaben im Stil der Prüfung** und zwei **offizielle Musterprüfungen** zum Quali, mit denen du gezielt trainieren kannst.

Die **Original-Prüfungsaufgaben 2022 und 2023** sind ebenfalls in diesem Buch abgedruckt. Die **Hördateien** zum Prüfungsteil „Zuhören" findest du auf der Plattform *MySTARK*. (Zugangscode vgl. Umschlaginnenseite).

Versuche, die Aufgaben unter echten Prüfungsbedingungen und in der vorgegebenen Zeit zu lösen, und arbeite nur mit den zugelassenen Hilfsmitteln.

Zu allen Aufgaben findest du **ausführliche Lösungen**. Diese ermöglichen es dir, deine Leistung richtig einzuschätzen. Es handelt sich um Lösungsvorschläge, die dir zeigen, wie man die Aufgaben richtig und vollständig beantworten kann. Bei vielen Aufgaben sind aber auch andere Lösungen als die hier abgedruckten möglich.

In den Lösungen findest du zudem wertvolle **Hinweise** zur Bearbeitung der einzelnen Aufgaben. Sie verraten dir, wie du am besten vorgehst und worauf du beim Lösen der jeweiligen Aufgabe besonders achten musst.

Außerdem bekommst du auf den ersten Seiten des Buches hilfreiche **Hinweise und Tipps** zu den Anforderungen der schriftlichen und mündlichen Prüfung sowie zu den verschiedenen **Aufgabenformen**, die dich in der Prüfung erwarten können.

Sollten nach Erscheinen dieses Bandes noch **wichtige Änderungen** für die Abschlussprüfung vom Kultusministerium bekannt gegeben werden, erhältst du **aktuelle Informationen** dazu auf *MySTARK* unter: www.stark-verlag.de/mystark

Viel Erfolg bei deinen Vorbereitungen und in der Prüfung!

Qualifizierender Abschluss der Mittelschule – DaZ: Hinweise und Tipps

Wer kann teilnehmen?

An der Prüfung des Qualifizierenden Abschlusses der Mittelschule (Quali) im Fach Deutsch als Zweitsprache (DaZ) dürfen alle Schülerinnen und Schüler teilnehmen, deren **Muttersprache nicht Deutsch** ist und die **nicht länger als sechs Jahre in Deutschland** leben. Der Quali im Fach Deutsch als Zweitsprache ersetzt die Prüfung im Fach Deutsch.

Aufbau der Prüfung

Die Quali-Prüfung in DaZ besteht aus einer **schriftlichen** und einer **mündlichen Prüfung:**

Schriftliche Prüfung	Teil A: Zuhören Teil B: Sprachgebrauch – Sprachbetrachtung – Rechtschreiben Teil C: Lesen Teil D: Schreiben	150 Minuten
Mündliche Prüfung	Teil 1: Einführungsgespräch Teil 2: Vorbereitetes Kurzreferat Teil 3: Gespräch über das Kurzreferat Teil 4: Impulsgesteuertes Sprechen Teil 5: Hörverstehen	15 Minuten

Die schriftliche Prüfung findet in ganz Bayern an jeder Schule am gleichen Tag statt. Seit dem Schuljahr 2021/2022 enthält diese den Bereich „Zuhören“, der etwa 20 bis 30 Minuten der Prüfungszeit in Anspruch nimmt.

Die mündliche Prüfung findet vor oder nach der schriftlichen Prüfung an einem anderen Tag statt. Alle fünf Teile werden innerhalb von 15 Minuten abgeprüft.

Punkte und Bewertung

Die Gesamtnote für den Quali im Fach Deutsch als Zweitsprache wird so berechnet: Es gibt eine Note für die **schriftliche Quali-Prüfung** und eine Note für die **mündliche**. Außerdem hast du eine **Jahresfortgangsnote** aus dem Unterricht. Diese verdoppelst du und addierst sie zu den beiden Prüfungsnoten. Das Ergebnis teilst du durch vier. So berechnest du die Endnote.

$$\frac{\text{schriftliche Prüfung} + \text{mündliche Prüfung} + 2 \cdot \text{Jahresfortgangsnote}}{4} = \text{Endnote}$$

In der schriftlichen Prüfung sind insgesamt 75 Punkte zu erreichen. Für die Teile A, B und C gibt es jeweils 15 Punkte, für den Teil D 30 Punkte. Es gilt folgende Zuordnung von erreichter Gesamtpunktzahl und Note:

Punkte	75–64	63,5–51	50,5–38	37,5–25,5	25–13	12,5–0
Note	1	2	3	4	5	6

In der mündlichen Prüfung sind insgesamt 36 Punkte zu erreichen. Hier gilt folgende Zuordnung von erreichter Gesamtpunktzahl und Note:

Punkte	36–30,5	30–24,5	24–18,5	18–12,5	12–6,5	6–0
Note	1	2	3	4	5	6

Hilfsmittel In allen Prüfungsteilen der schriftlichen Prüfung und auch in der mündlichen Prüfung darfst du sowohl ein einsprachiges als auch ein zweisprachiges Wörterbuch verwenden.

Die schriftliche Prüfung

1 Teil A: Zuhören

Im Teil A Zuhören bekommst du mehrere kurze Hörtexte vorgespielt und du musst Aufgaben dazu bearbeiten. Bei den Texten kann es sich um **Monologe** (nur eine Person spricht), **Dialoge** (zwei Personen unterhalten sich) oder **Diskussionen** (mehrere Personen sprechen miteinander) handeln. Du hörst jeden Text zweimal und hast davor, danach und dazwischen ausreichend Zeit, die Aufgaben zu lesen und zu bearbeiten.

Beim Prüfungsteil „Zuhören" gehst du am besten folgendermaßen vor:

Vor dem Hören

- Über den Aufgaben zum Hörtext steht die Situation. Lies sie und stelle dich darauf ein. Wie viele Personen sprechen? Was ist das Thema?
- Lies die Aufgaben zum Hörtext. Markiere Schlüsselwörter, auf die du wahrscheinlich achten musst.

Während des Hörens

- Beim ersten Hören versuchst du bereits, möglichst viele Aufgaben zu bearbeiten. Wenn du eine Aufgabe nicht beantworten kannst, dann konzentriere dich auf die nächste Aufgabe.
- Beim zweiten Hören vervollständigst du deine Lösungen. Konzentriere dich also vor allem auf die Aufgaben, die du beim ersten Lesen nicht beantworten konntest.

Nach dem Hören

- Nach dem Hören der jeweiligen Texte hast du Zeit, deine Antworten zu vervollständigen.

TIPP

Wenn du eine Lösung nicht gefunden hast, dann **versuche, die Aufgabe trotzdem zu beantworten**. Welche Antwort würde zum Text passen? Bei Multiple-Choice-Aufgaben kannst du eine Lösung ankreuzen. Bei offenen Fragen kannst du dir eine sinnvolle Lösung ausdenken. Vielleicht hast du Glück und deine Antwort ist richtig.

Beim Hörverstehen können unter anderem folgende Aufgabenformate vorkommen:

1.1 Zuordnen

Bei dieser Aufgabe musst du aus zwei Listen immer zwei passende Elemente einander zuordnen.

Beispiel:
Höre dir das Gespräch an und ordne die Sportarten den Personen zu. Zwei Sportarten bleiben übrig.

a	Fußball
b	Basketball
c	Volleyball
d	**Leichtathletik**
e	Schwimmen
f	Karate

0	Ceydal	**d**
1	Lorenz	c
2	Hanna	a
3	Naseer	e

Gehe so vor:

- Lies dir die Aufgabe durch.
- Konzentriere dich beim Hören hauptsächlich auf die Elemente der beiden Listen. Im Beispiel also auf die Namen und Sportarten. Versuche, andere Informationen auszublenden.
- Versuche, beim ersten Hören immer zwei Elemente zuzuordnen.
- Überprüfe beim zweiten Hören die Zweifelsfälle. Im Zusammenhang mit welchem Namen wurden im Beispiel zwei Sportarten erwähnt? Welche ist die richtige?

TIPP Wenn du nicht alle Elemente zugeordnet hast, **dann rate**. Mit etwas Glück bekommst du doch Punkte.

1.2 Multiple-Choice

Bei dieser Aufgabe musst du meistens einen Satz vervollständigen oder eine Frage beantworten, indem du eine von drei Lösungsmöglichkeiten ankreuzt.

Beispiel:
Kreuze während des Hörens die richtige Lösung an.

In Deutschland gibt es jedes Jahr …

☒ 18,7 Millionen Tonnen Verpackungsmüll.

☐ 17,6 Millionen Tonnen Verpackungsmüll.

☐ 16,5 Millionen Tonnen Verpackungsmüll.

Gehe so vor:

- Lies dir die Aufgabe durch. Markiere ein oder zwei Schlüsselwörter, auf die du im Hörtext wahrscheinlich achten musst. Im Beispiel wäre es das Wort „Verpackungsmüll“.
- Achte beim ersten Hören auf das Schlüsselwort und darauf, ob eine der drei Antwortmöglichkeiten eindeutig richtig ist. Im Beispiel wüsstest du, dass du auf eine Zahl achten müsstest.
- Beim zweiten Hören überprüfst du noch einmal, ob du richtig liegst, oder hörst noch einmal ganz genau hin, wenn du bisher noch keine Antwort gefunden hast.

TIPP

Oft kommen mehrere der vorgegebenen Antwortmöglichkeiten im Text vor. Sie beziehen sich aber nicht alle auf die Information, die in der Aufgabe gesucht wird. Lass dich davon nicht verwirren und **achte genau darauf, wonach gefragt wird**.

1.3 Richtige Aussagen ankreuzen

Bei dieser Aufgabe musst du aus einer Liste mit Aussagen die richtigen ankreuzen.

Beispiel:
Höre genau zu. Wähle aus den Aussagen (1–5) die zwei richtigen aus und kreuze sie an.

(0)	Tom denkt, dass Arbeitslose meistens gar nicht arbeiten wollen.	☒
(1)	Arbeitslosigkeit betrifft alle Generationen gleichermaßen.	☐
(2)	In Deutschland ist die Jugendarbeitslosigkeit höher als in Frankreich.	☐
(3)	Milas Vater ist seit mehreren Jahren arbeitslos.	☐
(4)	Die Arbeitslosigkeit in Deutschland ist in den letzten 20 Jahren insgesamt gesunken.	☒
(5)	Mila hat große Angst davor, selbst einmal arbeitslos zu werden.	☒

Gehe so vor:

- Lies dir vor dem Hören alle Aussagen aufmerksam durch.
- Markiere in jeder Aussage Schlüsselwörter, auf die du beim Hören achten musst.
- Achte beim Hören auf die Schlüsselwörter und entscheide, ob die Aussage richtig oder falsch ist.

TIPP Versuche, den **Gesamtzusammenhang** des Textes zu **verstehen**. Oft kommen die Aussagen der Aufgabe nicht wortwörtlich im Hörtext vor. Dann musst du entscheiden, ob die Informationen mit anderen Worten gegeben wurden.

1.4 Offene Fragen

Hier werden Fragen gestellt und du musst sie ohne Vorgaben mit wenigen Worten kurz beantworten.

Beispiel:
Wie viel kostet die Eintrittskarte für das Kino?
8 Euro

Gehe so vor:

- Lies die Fragen und markiere in jeder Frage ein oder zwei Schlüsselwörter. Im Beispiel könnten das „kostet“ und „Kino“ sein. Überlege, wie das im Hörtext formuliert sein könnte. Vielleicht kommt das Wort „Preis“ vor.
- Beim Hören konzentrierst du dich auf die geforderte Information. Im Beispiel wüsstest du, dass du auf eine Zahl achten müsstest, die im Zusammenhang mit dem Wort „Euro“ kommt.

TIPP Solltest du die Antwort nicht gehört haben, überlege dir, **welche Antwort Sinn ergeben würde**. Im Beispiel weißt du, dass es um den Preis für eine Kinokarte geht. Wie viel kostet es normalerweise ins Kino zu gehen? Wenig sinnvolle Antworten wären „2 Euro“ oder „50 Euro“. Sinnvoll wären „7 Euro“ oder „10 Euro“. Mit etwas Glück kommst du so zur richtigen Antwort.

1.5 Lückentext

Bei dieser Aufgabe bekommst du einen Text, der Informationen des Hörtextes enthält, aber nicht exakt dem Wortlaut entspricht.

Beispiel:

Bei der Smartphone-Produktion in Asien gibt es viele Probleme. Die (0) **Arbeiter** werden ausgebeutet und bekommen oft nur einen sehr niedrigen (1) Lohn________. Außerdem kommen sie mit gefährlichen Chemikalien in Kontakt, wofür sie von ihrem Arbeitgeber keine (2) Schutzkleidung________ erhalten. Für ein Handy, das für die Kundinnen und

Kunden in (3) Europa 700 Euro kostet, bekommen die Fabrikarbeiter in Asien nur (4) 7 Euro.

Gehe so vor:

- Lies den Lückentext und markiere Wörter, die wahrscheinlich im Zusammenhang mit dem gesuchten Wort gesagt werden.
- Beim ersten Hören konzentrierst du dich auf die markierten Wörter und versuchst, das gesuchte Wort richtig herauszuhören.
- Beim zweiten Hören konzentrierst du dich weniger auf einzelne Wörter. Konzentriere dich auf den Gesamtzusammenhang des Hörtextes. So kannst du noch Informationen bekommen, die für noch fehlende Lösungen wichtig sind.

TIPP

Wenn hinter einer Lücke eine **Mengenangabe** wie „Kilogramm", „Tonne" oder „Euro" steht, dann weißt du, dass in die Lücke eine **Zahl** eingefügt werden muss.

2 Teil B: Sprachgebrauch – Sprachbetrachtung

Der Teil B der Prüfung befasst sich mit dem Bereich Spracharbeit. Er ist in die Bereiche „Sprachbetrachtung" und „Rechtschreiben" unterteilt. Im ersten Teil „Sprachbetrachtung" geht es vor allem um **Wortschatz** und **Grammatik**. Bei den Aufgaben sollst du zum Beispiel zeigen, dass du viele verschiedene Wörter kennst, Verben konjugieren und vollständige Sätze bilden kannst.

Im Folgenden findest du Informationen und Tipps zu Aufgabenformaten, die in diesem Teil häufig vorkommen.

2.1 Wörter finden

Oft musst du in einer Tabelle Wörter ergänzen. Es gibt zwei Aufgabenformate, die dazu häufig abgeprüft werden:

- Du sollst verwandte Wörter verschiedener Wortarten (Nomen, Verben, Adjektive) in einem Lückentext ergänzen.

  Beispiel:

  Die Fußball-EM 2021 war anders als bisherige Europameisterschaften. Sie fand nicht wie (0) **geplant** (Plan) im Jahr 2020 statt, sondern wurde wegen der Corona-Pandemie um ein Jahr verschoben. Die (1) Spiele (spielen) wurden nicht wie sonst üblich nur in einem (2) europäischen (Europa) Land veranstaltet, sondern in

(3) unterschiedlichen (Unterschied) Ländern. Viele Menschen haben sich (4) gefreut (Freude), dass es nach vielen schwierigen Monaten ein schönes Ereignis gab.

– Du sollst Komposita bilden.
Beispiel:

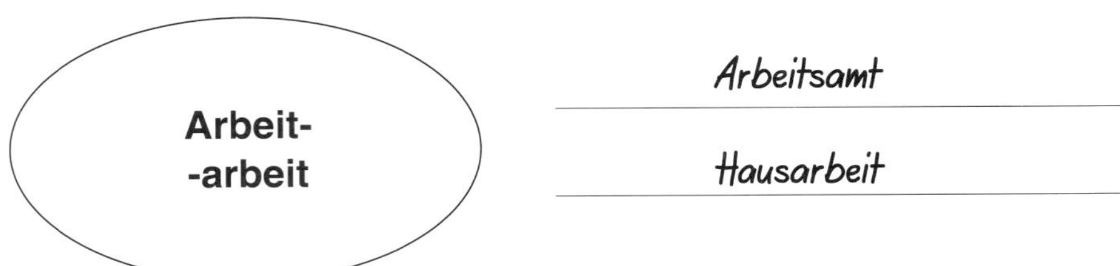

TIPP Wenn du einen **großen Wortschatz** hast, fällt es dir leichter, diese Aufgaben zu lösen. Indem du viele Bücher und Texte auf Deutsch liest, erweiterst du deinen Wortschatz automatisch.

2.2 Einen Lückentext vervollständigen

Meistens gibt es in der Prüfung einen Lückentext, den du vervollständigen sollst. Dabei musst du genau lesen, was von dir verlangt wird:

– Du sollst verwandte Wörter in die Lücken schreiben (siehe auch 1.1).
– Du sollst das Wort in Klammern in die grammatikalisch richtige Form setzen.
– Du sollst nur eine bestimmte Wortart in jede Lücke setzen, z. B. Präpositionen.

Beachte beim Ergänzen von Wörtern Folgendes:

– Die Formen von **Begleitern** und **vorangestellten Adjektiven** richten sich nach dem nachfolgenden Nomen.
– Sieh dir also genau an, in welchem **Genus** (Geschlecht), **Kasus** (Fall) und **Numerus** (Zahl) das Nomen steht, bevor du die Endungen von Begleitern und Adjektiven ergänzt.

Beispiel:
Leon und Lena schauen sich ________ (der) neuen Film von Steven Spielberg an.

Das Wort *Film* ist maskulin und steht im Singular. Das Verb *anschauen* verlangt den Akkusativ. Die richtige Lösung ist daher:
Leon und Lena schauen sich d**en** neuen Film von Steven Spielberg an.

TIPP Wenn du Verben ergänzt, musst du auf die **richtige Zeitform** achten. Orientiere dich dazu am besten an den anderen Verben im Text.

2.3 Sätze bilden

Oft wird in der Prüfung von dir verlangt, vollständige Sätze zu bilden. Es kann dir dazu z. B. ein Satzanfang vorgegeben werden, den du fortführen musst. Eine andere Möglichkeit ist, dass alle Wörter eines Satzes durcheinander abgedruckt sind. Dann musst du diese richtig ordnen.

Achte beim Bilden von Sätzen auf eine **korrekte Verbstellung:**

- Im **Hauptsatz** steht das konjugierte (gebeugte) Verb an der **zweiten Position**.
- Im **Nebensatz** steht das konjugierte Verb an der **letzten Position**.

  Beispiel:
  Ahmed **freut** sich auf Montag, weil er gerne in die Schule **geht**.
  Hauptsatz — Nebensatz

- Wenn der **Nebensatz vor** dem **Hauptsatz** steht, stellst du das konjugierte Verb im Hauptsatz an die **erste Position**.

  Beispiel:
  Obwohl Tom Hunger **hat**, **isst** er nichts.
  Nebensatz — Hauptsatz

TIPP

- Nebensätze erkennst du häufig an den **Konjunktionen** (Bindewörter), mit denen sie eingeleitet werden (z. B. weil, obwohl, wenn).
- Konjugiere die Verben in der **richtigen Zeit**. Dafür musst du die Aufgabenstellung bzw. den vorgegebenen Satzanfang genau lesen. Oft findest du dort einen Hinweis auf die Zeitform.

2.4 Satzzeichen ergänzen

Oft bekommst du in der Prüfung zwei bis drei Sätze, in denen du die Satzzeichen richtig setzen musst.

Gehe so vor:

- Entscheide zuerst, wo die einzelnen Sätze enden.
- Lege dann fest, welche Satzart vorliegt: Musst du ein Fragezeichen, ein Ausrufezeichen oder einen Punkt am Ende setzen?
- Es kann vorkommen, dass die Sätze wörtliche Rede enthalten. Dann musst du diesen Teil des Satzes in Anführungszeichen („ “) setzen.
- Überprüfe den kurzen Text am Ende auf die Kommasetzung. Wurden Nebensätze und Einschübe durch Kommas vom Hauptsatz abgetrennt?

Tipp

Wenn im Text ein Wort großgeschrieben wird, das eigentlich kleingeschrieben werden müsste, kannst du dir sicher sein, dass hier ein **neuer Satz** beginnt.

3 Teil B: Sprachgebrauch – Rechtschreiben

Im zweiten Teil von Prüfungsteil B sollst du z. B. zeigen, dass du Wörter richtig schreiben kannst.

Unter anderem solltest du Folgendes können:

3.1 Groß- und Kleinschreibung

Bei manchen Aufgaben musst du entscheiden, ob Wörter groß- oder kleingeschrieben werden.

Beachte dabei, dass folgende Wörter immer großgeschrieben werden:

- Wörter am Satzanfang
- Nomen (z. B. Hund, Einsamkeit, Himmel)
- Nominalisierungen: Verben oder Adjektive, die als Nomen verwendet werden (z. B. beim Essen, die Neue)
- höfliche Anredepronomen (z. B. Sie, Ihr, Ihnen)
- Eigennamen (z. B. München, Donau, Sebastian Maier)

TIPP

Wenn du unsicher bist, ob eine **Nominalisierung** vorliegt, kannst du die **Begleiterprobe** machen. Dazu setzt du vor das entsprechende Wort einen Begleiter. Ist der Satz auch mit Begleiter noch richtig, liegt eine Nominalisierung vor. Wenn nicht, schreibst du das Wort klein.

Beispiel:
Ich liebe schwimmen/Schwimmen. (?)
Ich liebe **das S**chwimmen.

Ich kann gut schwimmen/Schwimmen. (?)
Ich kann gut ~~das~~ **s**chwimmen.

3.2 Rechtschreibfehler finden

Häufig sollst du in einem kurzen Text falsch geschriebene Wörter finden und korrigieren. Am besten liest du den Text zuerst durch und markierst alle Wörter, bei denen du dir unsicher bist, ob sie richtig geschrieben sind. Anschließend überprüfst du die Wörter mithilfe von Rechtschreibstrategien.

Folgende **Rechtschreibstrategien** solltest du kennen:

- Ich verlängere das Wort.
  Die richtige Schreibung am Wortende (b, d, g oder p, t, k) wird hörbar gemacht (z. B. schwierig**g** – schwieri**g**er, Fel**d** – Fel**d**er).
- Ich suche ein verwandtes Wort.

Verwandte Wörter werden gleich geschrieben (z. B. tr**äu**men – der Tr**au**m, fü**h**len – das Gefü**h**l).

- Ich achte auf die Vokallänge.
  Auf kurze Vokale folgt in der Regel ein Doppelkonsonant bzw. zwei verschiedene Konsonanten (z. B. Zi**mm**er, Pu**pp**e, kle**tt**ern, wa**nd**ern).
- Ich achte auf die Endung.
  Großschreibung bei Nomenendungen (z. B. -ung, -heit, -keit, -nis), Kleinschreibung bei Adjektivendungen (z. B. -haft, -sam, -lich, -bar).
- Ich trenne nach Silben.
  Man hört so Doppelkonsonanten und Vorsilben (z. B. ver-ra-ten, Him-mel, Klas-se, ent-lau-fen).
- Ich bilde die Grundform.
  Bei gleichklingenden Lauten kann man so die richtige Schreibung herausfinden (z. B. **Mäu**se – M**au**s, k**ä**lter – k**a**lt).

Tipp Die wichtigsten **Rechtschreibstrategien** solltest du dir **gut merken**. Sie helfen dir auch, wenn du selbst einen Text schreibst und dir bei der Rechtschreibung eines Wortes unsicher bist.

3.3 *das* oder *dass* einsetzen

Manchmal musst du in der Prüfung die Wörter „das“ bzw. „dass“ in einen kurzen Lückentext einsetzen.

Um zwischen dem Pronomen „das“ und der Konjunktion „dass“ zu unterscheiden, kannst du die **Ersatzprobe** durchführen:

- Wenn du **das/dass** durch **welches** ersetzen kannst, handelt es sich um ein Relativpronomen. Du schreibst dann immer „das“.
- Wenn du **das/dass** durch **dies(es)/jenes** ersetzen kannst, handelt es sich um ein Demonstrativpronomen. Auch dann schreibst du immer „das“.
- Wenn du **das/dass nicht** durch eines dieser Wörter ersetzen kannst, handelt es sich um die Konjunktion „dass“.

Beispiele:
Thomas sieht sich das Fußballspiel an, **das/dass (?)** im Fernsehen läuft.
Thomas sieht sich das Fußballspiel an, **welches** im Fernsehen läuft. ✓
→ **das** (Relativpronomen)

Yara hat sich verspätet. **Das/Dass (?)** war ihr unangenehm.
Yara hat sich verspätet. **Dies** war ihr unangenehm. ✓
→ **das** (Demonstrativpronomen)

Mira hat Angst, **das/dass (?)** sie zu spät nach Hause kommt.

Mira hat Angst, ~~welches~~/~~dies(es)~~/~~jenes~~ sie zu spät nach Hause kommt.
→ **dass** (Konjunktion)

TIPP Denke daran, dass das Wort „das“ auch ein **Artikel** sein kann. Wenn „das“ der Artikel zu einem Nomen ist, schreibst du immer ein einfaches „s“.
Beispiel:
Das kleine Kind steigt in **das** Auto.

4 Teil C: Lesen

In diesem Prüfungsteil bekommst du entweder einen Sachtext (z. B. einen Zeitungsartikel) oder einen literarischen Text (z. B. einen Auszug aus einem Roman).

Es bietet sich an, bei der Textarbeit folgende Arbeitsschritte einzuhalten:

- Sieh dir zuerst die Aufgaben zum Text an. Dann weißt du schon vor dem Lesen, worauf du später besonders achten musst.
- Lies anschließend den Text. Verwende beim ersten Lesen noch kein Wörterbuch. Versuche zunächst, nur zu verstehen, um was es im Text ganz allgemein geht.
- Bearbeite dann die Aufgaben der Reihe nach. Suche zu jeder Aufgabe die entsprechende Stelle im Text. Wenn du eine Textstelle nicht verstehst, kannst du jetzt das Wörterbuch verwenden.
- Schlage nicht jedes unbekannte Wort im Wörterbuch nach. Das kostet zu viel Zeit. Oft kannst du dir unbekannte Wörter aus dem Textzusammenhang erschließen.

Im Folgenden findest du Informationen und Hilfestellungen zu Aufgabenformaten, die in Teil C der Prüfung häufig vorkommen.

4.1 Richtig oder falsch?

Bei diesem Aufgabentyp bekommst du verschiedene Aussagen zum Text. Du musst für jede Aussage entscheiden, ob sie richtig oder falsch ist.

Gehe so vor:

- Lies die erste Aussage.
- Suche die dazu passende Textstelle und lies den gesamten Absatz noch einmal.
- Prüfe genau, ob die Aussage richtig oder falsch ist, und kreuze entsprechend an.
- Mache das gleiche mit allen weiteren Aussagen.

TIPP Oft unterscheidet sich die vorgegebene Aussage nur durch **wenige Wörter** von der Aussage im Text. Diese sind jedoch wichtig, um entscheiden zu können, ob du *richtig* oder *falsch* ankreuzen musst.

4.2 Textabschnitte zuordnen

Bei einer Aufgabe in Teil C musst du Aussagen oder Informationen aus dem Text dem dazu passenden Textabschnitt zuordnen.

Gehe so vor:

- Lies den ersten Textabschnitt noch einmal.
- Sieh dir dann alle vorgegebenen Aussagen genau an und ordne dem Abschnitt die Aussage zu, die inhaltlich passend ist.
- Wiederhole dieses Vorgehen für jeden Textabschnitt.
- Beachte, dass manchmal eine Aussage zu viel vorgegeben ist. Dann bleibt diese am Ende übrig und muss nicht zugeordnet werden.

TIPP Wenn du dir bei einem Textabschnitt **nicht sicher** bist, überspringe ihn zunächst. Zum Schluss werden ein oder zwei Aussagen übrig bleiben. Dann kannst du **neu entscheiden**.

4.3 Aussagen aus dem Text notieren

Meist musst du in mindestens einer Aufgabe zur Textarbeit Aussagen oder Beispiele aus dem Text herausschreiben.

Beispiel:
Wozu nutzen Jugendliche das Smartphone? Schreibe drei Beispiele aus dem Text heraus.

Oder: *Notiere vier Stichpunkte aus dem Text.*

Gehe so vor:

- Markiere im Text die passenden Informationen.
- Übertrage die Textstellen auf dein Blatt.
- Schreibe keine ganzen Sätze, sondern nur Stichpunkte, wenn das so in der Aufgabenstellung steht.

TIPP Du kannst bei diesen Aufgaben übrigens **vom Text abschreiben**. Verschwende also keine Zeit damit, dir eigene Formulierungen zu überlegen.

4.4 Aussagen/Zitate erklären

In der Prüfung musst du oft bestimmte Ausdrücke oder Zitate einer vorgegebenen Bedeutung zuordnen.

Beispiel:
„Er fühlte sich wie das fünfte Rad am Wagen." Kreuze die richtige Erklärung an.

☐ Er fühlte sich sehr müde.

☒ Er fühlte sich, als würde er nicht dazugehören.

☐ Er fühlte sich, als wäre er stärker als die anderen.

Gehe so vor:

- Suche die Textstelle, in der das Zitat zu finden ist.
- Lies den gesamten Absatz noch einmal aufmerksam durch.
- Prüfe, welche Auswahlmöglichkeit am besten passt.

TIPP Wenn du den Ausdruck nicht kennst, kannst du versuchen, eine **logische Antwort** zu finden. Wie viele Räder hat ein Auto oder ein Wagen normalerweise? Ein Auto hat vier Räder. Ein fünftes Rad braucht man nicht. Der Ausdruck wird also verwendet, wenn man ausdrücken will, dass man sich in einer Gruppe überflüssig oder unwohl fühlt.

5 Teil D: Schreiben

5.1 Die eigene Meinung begründen/Stellung nehmen

Bei diesem Aufgabentyp bekommst du meist eine Frage gestellt, auf die man mit ja oder nein antworten kann. Es reicht jedoch nicht aus, die Frage mit nur einem Satz zu beantworten, denn du musst deine Meinung ausführlich begründen. Deine Antwort sollte mindestens zwei Argumente für deine Sichtweise enthalten.

Beispiel: *Sollten Schüler einen Nebenjob haben? Begründe deine Meinung.*

Gehe so vor:

- Stelle in einem einleitenden Satz deinen Standpunkt dar: Beantwortest du die Frage für dich persönlich mit ja oder nein?
- Erkläre anschließend, **warum** du diese Meinung vertrittst. Führe also zwei bis drei Argumente aus, die deine Meinung begründen.
- Fasse deine Meinung in einem abschließenden Satz noch einmal knapp zusammen.

TIPP Besonders **anschaulich** werden deine Argumente, wenn du sie durch **konkrete Beispiele** aus deinem eigenen Leben ergänzt.

Wortschatz zur Stellungnahme:

- Ich denke, dass …/Ich bin der Meinung, dass …
- Meiner Meinung nach …
- einerseits …, andererseits …
- auf der einen Seite …, auf der anderen Seite …
- außerdem, zudem
- Hinzu kommt, dass …
- aber, jedoch, hingegen
- weil, deshalb, deswegen
- zum Beispiel, beispielsweise

5.2 Bilder analysieren

Manchmal ist neben dem Text auch eine Abbildung (z. B. ein Foto oder eine Karikatur) Teil der Prüfung. Oft sollst du das vorliegende Bild beschreiben. Manchmal musst du es zusätzlich interpretieren oder mit dem Text in Verbindung bringen.

Bildbeschreibung

Beispiel:
Beschreibe das Bild ausführlich.

Gehe so vor:

- Beschreibe, was du auf dem Bild siehst. Dabei kannst du z. B. von links nach rechts, von oben nach unten oder vom wichtigsten Bildelement zu unwichtigeren vorgehen.
- Falls das Bild Text enthält (z. B. in einer Sprechblase), musst du auch darauf kurz eingehen.
- Benutze Wörter, die für eine Bildbeschreibung typisch sind (siehe unten). So kann sich der Leser besser vorstellen, wo sich die einzelnen Bildelemente befinden.

TIPP Du musst **nicht jede Einzelheit** auf dem Bild beschreiben. Gehe aber auf jeden Fall auf die Bildelemente ein, die in Bezug auf den Text wichtig sind.

Wortschatz zur Bildbeschreibung:

- Auf dem Bild/dem Foto/der Karikatur sieht man …
- im Vordergrund
- im Hintergrund
- links/rechts/oben/unten
- dahinter/davor/daneben
- Die Person steht/sitzt/liegt …

Erklärung/Interpretation eines Bildes

Nachdem du das Bild beschrieben hast, sollst du es manchmal näher erklären, mit dem Text in Verbindung bringen oder interpretieren. Es gibt hier viele mögliche Aufgabenstellungen. Achte deshalb genau darauf, was von dir verlangt wird.

TIPP Denke daran, dass du das Bild bereits beschrieben hast. Du musst bei der Interpretation also nicht mehr genau darauf eingehen, was auf dem Bild zu sehen ist. Es sind jetzt folgende Fragen wichtig:

- Was ist die **Aussage** des Bildes?
- Worauf macht das Bild **aufmerksam**? Was wird **kritisiert**?
- Was hat das Bild mit dem **Text** zu tun?

5.3 Impulsgesteuertes Schreiben

Am Ende von Teil C musst du einen etwas längeren Text schreiben. Die Überschrift gibt dabei das Thema vor. In der Regel ist die Aufgabenstellung sehr offen formuliert, sodass es viele Möglichkeiten gibt, wie du deinen Text schreiben kannst.

Beispiel:
Schreibe einen zusammenhängenden Text zu folgendem Thema: Zusammenleben von Jung und Alt

Auf folgende Aspekte kannst du in deinem Text zum Beispiel eingehen:

- eigene Erfahrungen
- Wünsche und Ideen
- eigene Meinung zum Thema
- Gedanken und Erlebnisse

Wichtig ist, dass dein Text gut strukturiert ist. Jeder neue Gedanke sollte in einer neuen Zeile beginnen. Grundsätzlich kannst du dich an folgendem Aufbau orientieren:

Einleitung
In ein oder zwei Sätzen **erklärst** du kurz das **Thema**. Beziehe dich dabei auf die Überschrift. Folgende Frage sollte in deiner Einleitung beantwortet werden: Worum geht es in deinem Text?

Hauptteil
Im Hauptteil formulierst du **Erfahrungen**, **Ideen** oder deine **Meinung** zum Thema aus. Versuche, möglichst anschaulich zu schreiben. Das schaffst du am besten, indem du **konkrete Beispiele** aus deinem eigenen Leben aufgreifst. Der Hauptteil ist der längste Teil deines Textes.

Schluss
In einem **abschließenden Satz** fasst du noch einmal zusammen, was du von dem Thema hältst oder was du dir für die Zukunft wünschst.

TIPP

- Das Thema musst du genau verstehen. Benutze deshalb das **Wörterbuch**, wenn du einen Begriff nicht kennst.
- Mache zuerst ein „**Brainstorming**": Notiere alles, was dir zum Thema einfällt. Wähle dann zwei oder drei Stichpunkte aus, die du ausführlich ausformulierst.
- Auch wenn dein Text relativ kurz ist, sollte er strukturiert sein. Gliedere ihn also mithilfe von **Absätzen**.

Die mündliche Prüfung

Die mündliche Prüfung besteht aus fünf Teilen: einem Einführungsgespräch, einem vorbereiteten Kurzreferat, einem Gespräch über das Kurzreferat, dem impulsgesteuerten Sprechen und einem Hörverstehensteil. Die mündliche Prüfung dauert insgesamt 15 Minuten.

1 Einführungsgespräch

Im Einführungsgespräch soll es um ein aktuelles bzw. schülernahes Thema gehen.

Mögliche Themen sind:

- Erzähle, was du letztes Wochenende gemacht hast./Sprich über das nächste Wochenende.
- Was machst du in deiner Freizeit? Welche Hobbys hast du?
- Sport: Welche Sportarten kennst du? Machst du selbst Sport? Warum (nicht)?
- Smartphone: Wofür benutzt du das Smartphone? Könntest du dir ein Leben ohne Smartphone vorstellen?

TIPP

- Du solltest dich ohne Probleme **vorstellen** können (Name, Alter, Wohnort, Nationalität usw.). Das ist oft ein Teil des Einführungsgesprächs, damit man sich an die Situation gewöhnt.
- Da das Thema schülernah sein soll, solltest du selbst damit Erfahrungen gemacht haben. Wenn die Prüfer*innen dir das Thema nennen, denke darüber nach, welche Rolle es **in deinem Leben** spielt.

2 Vorbereitetes Kurzreferat

Bereits vor der Prüfung vereinbarst du mit den Prüferinnen und Prüfern das Thema für dein Kurzreferat. Das Thema darfst du frei wählen. Normalerweise kannst du zu deinem Referat auch ein Plakat oder eine kurze Computerpräsentation vorbereiten.

TIPP

- Wähle ein Thema, das dich **interessiert**. Dann fällt dir die Vorbereitung leichter.
- Du musst das Referat **frei halten** und darfst nicht einfach einen Text vorlesen. Schreibe deshalb auf deinen Notizzettel nur **Stichpunkte** und keine ganzen Sätze.
- **Übe** das Referat **mehrmals**. Trage es am besten anderen Personen vor, so als ob du in der Prüfung wärst.
- Achte auf eine **sinnvolle Gliederung**.

3 Gespräch über das Kurzreferat

Nach deinem Referat stellen dir die Prüfer*innen Fragen zu dem Thema, über das du gesprochen hast. Sie wollen sehen, ob du wirklich alles verstanden und nicht nur einen Text auswendig gelernt hast.

TIPP

- Überlege dir schon **vor der Prüfung**, welche Fragen die Prüfer*innen stellen könnten.
- Antworte immer mit **mehreren Sätzen** und nicht nur mit wenigen Wörtern.
- Bereite dich immer auf folgende Frage vor: Warum hast du **genau dieses Thema** ausgewählt?

4 Impulsgesteuertes Sprechen

In diesem Teil der Prüfung bekommst du ein Bild, ein Foto, eine Karikatur, einen Comic, eine Bildergeschichte, eine Statistik oder Ähnliches vorgelegt. Normalerweise sollst du es zuerst beschreiben und anschließend eine Frage dazu beantworten.

Mögliche Aufgaben und Fragen können sein:

Zu einem Foto:

- Erzähle eine kurze Geschichte zu diesem Foto.
- In welcher Beziehung stehen die Personen auf dem Foto zueinander?
- Erzähle ein persönliches Erlebnis, das in Bezug zu dem Foto steht.

Zu einer Karikatur:

- Beschreibe die Karikatur.
- Erkläre, was die Karikatur kritisiert.

Zu einem Comic/einer Bildergeschichte:

- Erzähle, was in der Bildergeschichte passiert.
- Erzähle ein alternatives Ende der Geschichte/des Comics.

Zu einem Diagramm/einer Statistik:

- Analysiere das Diagramm.
- Erkläre die Statistik.

TIPP

- Benutze **Wörter**, die dir beim Beschreiben von Bildern helfen (siehe S. 15).
- Beschreibe auch **Details** auf den Bildern. So zeigst du, dass du einen großen Wortschatz hast.

5 Hörverstehen

Bei diesem Prüfungsteil bekommst du entweder etwas vorgespielt, zum Beispiel eine Nachricht aus dem Radio oder einen Auszug aus einem Hörspiel, oder die Prüfer*innen lesen dir einen kurzen Text vor. Anschließend stellen sie dir Fragen dazu. Zum einen sollst du zeigen, dass du verstanden hast, um was es ganz allgemein im Text geht. Zum anderen fragen sie dich nach einigen Einzelheiten. In diesem Prüfungsteil werden deine Aussprache und deine Grammatik nicht bewertet. Es geht nur darum, zu sehen, ob du den Text verstanden hast.

TIPP

- Höre vor der Prüfung **Radio** oder **Podcasts** und schaue dir Sendungen im **Fernsehen** oder **Videos** auf Deutsch an. So trainierst du dein Hörverständnis.
- **Schließe** beim Anhören des Textes **die Augen**. So wirst du nicht abgelenkt.

Übungsaufgaben im Stil der Prüfung
Übungsaufgabe 1

Teil A: Zuhören

Aufgabe zu Hörtext 1

Muhammed kommt kurz vor Unterrichtsbeginn ins Klassenzimmer und setzt sich neben Simon. Er atmet schwer, weil er mit dem Fahrrad zur Schule gefahren ist. Die beiden unterhalten sich über Fitness und Sport.

Höre dem Gespräch zwischen Muhammed und Simon zu. Kreuze während des Hörens die richtige Lösung an. Eine Lösung (0) ist bereits angekreuzt.

(0) Simon kommt jeden Tag mit dem …

- ☐ Fahrrad zur Schule.
- ☒ Auto zur Schule.
- ☐ Bus zur Schule.

(1) Muhammed nimmt das Fahrrad, weil …

- ☐ es schneller geht als mit dem Bus.
- ☐ er nur eine halbe Stunde braucht.
- ☐ er zusammen mit seiner Schwester fahren kann.

____ von 1 P

(2) Simon …

- ☐ macht Karate.
- ☐ ist sehr fit.
- ☐ ist Fußballfan.

____ von 1 P

(3) Muhammed ist der Meinung, dass …

- ☐ es nichts bringt, mit Sport anzufangen.
- ☐ man beim Sport schnell überfordert ist.
- ☐ man beim Sport schnell Verbesserungen merkt.

____ von 1 P

(4) Muhammeds Vater …

- ☐ spielt Tischtennis.
- ☐ zahlt viel Geld für seine Vereinsmitgliedschaft.
- ☐ trainiert jede Woche.

____ von 1 P

5. Simons Mutter …
   - [ ] macht keinen Sport.
   - [ ] geht joggen.
   - [ ] hat einen Bürojob.

____ von 1 P

____ **von 5 P**

Aufgabe zu Hörtext 2

In einer Radiowerbung wird die Fitnessstudio-Kette „Muskel Fit" präsentiert. Höre die Werbung an. Beantworte die Fragen (1–5) während des Hörens mit Kurzantworten.
Eine Frage (0) ist bereits beantwortet.

(0) In wie vielen Städten in Bayern gibt es das Fitnessstudio „Muskel Fit"?

12
____

(1) Wie viel kostet eine Mitgliedschaft bei „Muskel fit" pro Monat?

____

____ von 1 P

(2) Was kostet 15 Euro pro Stunde?

____

____ von 1 P

(3) Wie sind die Öffnungszeiten von „Muskel Fit"?

____

____ von 1 P

(4) Wie lautet die Internetadresse von „Muskel Fit"?

____

____ von 1 P

(5) Wo kann man sich neben der Internetseite noch informieren?

____

____ von 1 P

____ **von 5 P**

Aufgabe zu Hörtext 3

In einem Podcast mit der Ernährungswissenschaftlerin Prof. Dr. Hofer geht es um das Thema Ernährungstrends.

Höre genau zu. Wähle aus den Aussagen (1–10) die fünf richtigen aus und kreuze sie an.
Beachte das Beispiel (0).

(0)	Im Podcast ging es in der Vorwoche um das Thema „Sport“.	☒
(1)	Beim Intervallfasten isst man zum Beispiel nur acht Stunden am Tag.	☐
(2)	Beim Intervallfasten sollte man das Abendessen ausfallen lassen.	☐
(3)	Wenn man längere Zeit nichts isst, werden die Zellen im Körper repariert.	☐
(4)	Heute verzichten mehr Menschen auf tierische Lebensmittel als früher.	☐
(5)	In tierischen Lebensmitteln stecken viele Proteine.	☐
(6)	Für vegan lebende Menschen ist es nicht möglich, ausreichend Proteine zu sich zu nehmen.	☐
(7)	Beim Fast Food gab es in den letzten Jahren keine positiven Entwicklungen.	☐
(8)	Es gibt heute kaum noch amerikanische Burger-Läden.	☐
(9)	Übergewicht kann zu Krankheiten führen, die auch das Herz betreffen.	☐
(10)	Ein Ratschlag der Professorin ist, ganz auf Fast Food zu verzichten.	☐

____ **von 5 P**

Erreichte Gesamtpunktzahl: ____ von 15 P

Teil B: Sprachgebrauch

Sprachbetrachtung

1. Bilde **zwei** Komposita mit dem Wort Mannschaft (Mannschaft-/-mannschaft). Schreibe den passenden Artikel dazu.

Mannschaft-
-mannschaft

____

____

____ von 2 P

2. Setze das Wort in Klammern in der grammatikalisch richtigen Form ein.
   Beachte das Beispiel (0).

   Sport in der freien Natur

   Celine (0) **war** (sein) am Wochenende joggen. Dazu ist sie in (1) ________ (der) Wald gegangen. Zunächst lief sie auf einem Weg an den Bäumen vorbei. Dann (2) ____________ (überqueren) sie eine Wiese, auf der sie viele Schmetterlinge und sogar zwei (3) ________ (Hase) sah. Sie ging über eine Brücke und setzte ihre Runde auf einem (4) ________ (breit) Weg fort. Eine andere Joggerin war (5) ________ (schnell) als Celine und überholte sie. Nach einer halben Stunde drehte sie um und ging den gesamten Weg zurück. Als sie wieder zuhause war, war sie ziemlich müde und gönnte sich erst einmal (6) ________ (ein) Dusche.

____ von 3 P

3. Ergänze sinnvoll. Beachte das Beispiel (0).

   (0) Celine ist in Bezug auf Essen der Meinung, dass **man sich gesund ernähren sollte**.

   (1) Celine isst viel Obst und Gemüse, um ______________________________

   ____

   (2) Celine macht jeden Tag Sport, obwohl ______________________________

   ____

   (3) Celines Bruder macht keinen Sport, weil ______________________________

   ____

____ von 3 P

4. Setze die fehlenden Satzzeichen.

   Sarah geht jede Woche ins Fitnessstudio damit sie in Form bleibt. Ihre Schwester Laura macht keinen Sport deshalb fragt Sarah sie oft: Willst du nicht mit ins Fitnessstudio kommen

   ____ von 2 P

Rechtschreiben

Prüflinge mit anerkannter Rechtschreibstörung, die Notenschutz gemäß § 34 BaySchO beanspruchen, bearbeiten die Aufgaben aus Teil B Sprachgebrauch – Rechtschreiben nicht.

5. Groß oder klein? Unterstreiche die richtige Schreibweise. Beachte das Beispiel (0).

   Sport ist in Deutschland ein (0) *Wichtiges/wichtiges* Thema. Die Leute lieben es, Sport zu (1) *Machen/machen.* Sie wollen damit (2) *Stress/stress* abbauen und etwas für (3) *Ihre/ihre* Gesundheit tun. Auch das (4) *Anschauen/anschauen* von Sportwettkämpfen im (5) *Fernsehen/fernsehen* ist beliebt. Dabei haben die Fans (6) *Verschiedener/verschiedener* Sportarten jede Menge Spaß.

   ____ von 3 P

6. Korrigiere den Text. Streiche die **vier** falsch geschriebenen Wörter durch und schreibe sie wie im Beispiel richtig auf die Zeile rechts daneben.

Jeden Dienstag nimmt Sarah das ~~Fahrad~~ und	*Fahrrad*
fährt ins Fitnessstudio. Zuerst ziet sie sich um	____
und wermt sich auf. Dann absolviert sie ihr	____
Sportprogramm. Anschliesend duscht sie sich	____
und fehrt wieder nach Hause.	____

____ von 2 P

Erreichte Gesamtpunktzahl: ____ von 15 P

Teil C: Lesen

Wer gut frühstückt, ist besser in der Schule

Montagmorgen, kurz nach sieben Uhr. Bis es an der Walter-Gropius-Schule in Berlin-Neukölln zur ersten Stunde klingelt, ist noch Zeit – und bis dahin wird gefrühstückt. Obst, Müsli, verschiedene Brotsorten, Käse und Wurst stehen auf einem großen Frühstücksbuffet, dazu gibt es warmen Kakao. Der Verein *brotZeit*, von der Schauspielerin Uschi Glas im Jahr 2009 gegründet und durch Spenden finanziert, stellt jeden Tag für rund 7 200 Schulkinder an mehr als 130 Schulen in Deutschland ein kostenloses Frühstück bereit.

Dreißig Minuten vor Schulbeginn wird das Buffet aufgebaut, von ehrenamtlich tätigen Seniorinnen und Senioren. Sie kümmern sich darum, dass niemand mit leerem Magen in die erste Unterrichtsstunde gehen muss. „Uns ist wichtig, dass jedes Kind zu uns kommen kann", sagt Britta Papenfuß, die Geschäftsstellenleiterin von *brotZeit*. „Hier wird nicht aussortiert."

Mit knurrendem Magen lässt sich nicht gut denken. Trotzdem gehen dem Robert Koch-Institut zufolge bis zu dreißig Prozent der Schülerinnen und Schüler hierzulande regelmäßig ohne Frühstück aus dem Haus. Ein hungriges Schulkind ist also eher die Regel als die Ausnahme. Dabei ist Essen vor Schulbeginn wichtig dafür, dass Kinder sich konzentrieren und dem Unterricht folgen können, wie verschiedene Studien zeigen.

Ein gutes Frühstück steigert auch messbar die Leistungen – und zwar über das gesamte Schuljahr hinweg. Die Wahrscheinlichkeit überdurchschnittlich guter Leistungen wird durch ein vollwertiges Frühstück sogar verdoppelt, wie Gesundheitswissenschaftler um Hannah Littlecott von der walisischen[1] Universität Cardiff in ihrer gerade veröffentlichten Untersuchung zeigen.

Das Team bat 5 000 Schülerinnen und Schüler im Alter von neun bis elf Jahren, vierundzwanzig Stunden lang alles aufzuschreiben, was sie gegessen hatten. Sie sollten notieren, ob sie überhaupt ein Frühstück zu sich genommen hatten und wie viel Obst, Gemüse und andere Lebensmittel sie sonst noch im Laufe des Tages gegessen hatten.

Einige Monate später wurden diese Schülerinnen und Schüler dann in den Fächern Englisch, Mathematik und Naturwissenschaften getestet. Littlecott und ihr Forscherteam verglichen, ob die Testergebnisse der Kinder mit ihren Essgewohnheiten zusammenhingen. Und tatsächlich gab es einen Zusammenhang, er war sogar sehr ausgeprägt: Bei Kindern, die zu Hause gefrühstückt hatten, war die Wahrscheinlichkeit, dass sie überdurchschnittliche Noten erreichten, doppelt so hoch wie bei jenen, die nicht frühstückten. [...]

Allerdings kommt es nicht nur darauf an, dass Kinder überhaupt etwas essen – sondern auch darauf, was sie zu sich nehmen. In Littlecotts Studie zeigten Schülerinnen und Schüler, die zwar morgens etwas aßen, deren Frühstück aber aus Süßigkeiten und gezuckerten Snacks bestand, keine besseren Leistungen. Ernährungsforscher sind überzeugt, dass vor allem Vollkornprodukte, fettarme Milchprodukte und Obst auf den Frühstückstisch gehören. Im Gegensatz zu zuckerreichen Nahrungsmitteln kann der Körper die Energie aus diesen Lebensmitteln besser verwerten. [...]

Die Gründe dafür, dass rund ein Drittel aller Schülerinnen und Schüler trotzdem nicht regelmäßig frühstückt, sind vielfältig. Manche Kinder haben so früh schlicht noch keinen Hunger, anderen fehlt in der morgendlichen Hektik die Ruhe zum Essen. Bei jüngeren Kindern sind es vor allem die Eltern, die darüber entscheiden, ob und was zu Hause gegessen wird. Familien, in denen morgens kein gemeinsames Frühstück stattfindet, sind keine Ausnahme.

Natürlich kann man an die Eltern appellieren, ihre Kinder nicht mit leerem Magen zum Unterricht zu schicken. Pädagogische Fachleute, Wissenschaftlerinnen und Wissenschaftler tun das, gehen aber inzwischen auch andere Wege. So bieten die meisten Grundschulen in Wales, wo Hannah Littlecott und ihr Team die Studie durchführten, inzwischen ein kostenloses Schulfrühstück an, finanziert von der Regierung. […]
Das gilt natürlich auch für Deutschland. An immer mehr Schulen soll in Zukunft ein kostenloses Frühstück angeboten werden. „Das Interesse der Schulen ist groß“, sagt Britta Papenfuß. […]

Quelle: Helen Schick: Wer gut frühstückt, ist besser in der Schule. In: Welt, 14. 12. 2015. https://www.welt.de/gesundheit/article149926103/Wer-gut-fruehstueckt-ist-besser-in-der-Schule.html (Aus didaktischen Gründen von der Redaktion gekürzt und leicht verändert.)

1 walisischen: Adjektiv, das ausdrückt, dass die Universität in Wales ist

Arbeitsaufträge

1. Richtig oder falsch? Kreuze an (✗).

	richtig	falsch
Ein Verein bezahlt an einigen deutschen Schulen täglich ein Frühstück.	☒	☐
Das kostenlose Frühstück wird von den Schülerinnen und Schülern selbst vorbereitet.	☐	☐
Auch ohne Frühstück kann man gut verstehen, was im Unterricht passiert.	☐	☐
In Prüfungen schneiden Schulkinder, die frühstücken, häufig besser ab als Schulkinder, die nicht frühstücken.	☐	☐
Um leistungsfähig zu sein, sollten Schülerinnen und Schülern zum Beispiel Vollkornprodukte zum Frühstück essen.	☐	☐
Es gibt nur wenige Familien, in denen morgens nicht gemeinsam gefrühstückt wird.	☐	☐
Es gibt nur wenige Schulen in Deutschland, die ein kostenloses Frühstück anbieten möchten.	☐	☐

_____ von 3 P

2. Ordne die Aussagen (a–h) den Textabschnitten (1–6) zu. Trage die Lösung in die Tabelle ein. Eine Aussage passt nicht. Ein Beispiel (0) wurde schon zugeordnet.

Zeile 1–10	**0**
Zeile 11–15	1
Zeile 16–19	2
Zeile 20–29	3
Zeile 30–36	4
Zeile 37–41	5
Zeile 42–48	6

a	Es gibt verschiedene Gründe dafür, dass viele Schülerinnen und Schüler nicht frühstücken.
b	Ein gutes Frühstück steigert den schulischen Erfolg von Schülerinnen und Schülern.
c	Das Frühstück sollte aus gesunden Lebensmitteln wie Vollkornprodukten oder Obst bestehen.
d	In Wales bieten inzwischen viele Schulen ein kostenloses Frühstück an.
e	Die Hälfte der Schülerinnen und Schüler in Deutschland geht morgens ohne Frühstück zur Schule.
f	**Ein Verein organisiert kostenloses Frühstück an Schulen.**
g	30 % der deutschen Schülerinnen und Schüler frühstücken nicht und das ist für ihre Konzentration nicht gut.
h	Laut einer Studie, die mit 5 000 Schülerinnen und Schülern durchgeführt wurde, gibt es einen Zusammenhang zwischen den Essgewohnheiten von Schulkindern und ihren Leistungen in der Schule.

0	1	2	3	4	5	6
f						

____ von 3 P

3. Ergänze die Lücken in der folgenden Beschreibung des Vereins „brotZeit“ mit Informationen aus dem Text. Beachte das Beispiel (0).

Der Verein „brotZeit“ wurde im Jahr (0) **2009** gegründet und organisiert jeden Tag an über (1) ________________ deutschen Schulen für 7 200 (2) ________________ ein kostenloses Frühstück. Dabei helfen (3) ________________ ehrenamtlich, indem sie das Frühstück vorbereiten. Alle Schülerinnen und Schüler können an diesen Schulen vor dem Unterricht gratis frühstücken.

____ von 3 P

4. Nenne stichpunktartig drei negative Folgen für Schülerinnen und Schüler, die nicht frühstücken.

- ______________________________
- ______________________________
- ______________________________

____ von 1,5 P

5. Nenne stichpunktartig drei Lebensmittel, die laut Ernährungsexperten morgens gegessen werden sollten.

- ______________
- ______________
- ______________

____ von 1,5 P

6. „Mit knurrendem Magen lässt sich nicht gut denken." (Zeile 11)
Kreuze die richtige Erklärung an.

☐ Wenn man einen knurrenden Magen hat, sollte man etwas essen.
☐ Wenn man Hunger hat, kann man sich nicht gut konzentrieren.
☐ Wenn man Bauchschmerzen hat, kann man nicht gut lernen.

____ von 1 P

7. Kreuze die vier Gründe an, warum laut Text viele Schülerinnen und Schüler nicht frühstücken.
Manche Schülerinnen und Schüler …

☐ haben morgens keinen Hunger.
☐ leben in Familien, die kein Geld für Frühstück haben.
☐ haben keine Lust, mit ihren Eltern zu frühstücken.
☐ haben morgens keine Ruhe zum Frühstücken.
☐ haben morgens keine Zeit zum Frühstücken.
☐ denken nicht daran, zu frühstücken.
☐ frühstücken nicht, weil es bei ihnen zu Hause kein gemeinsames Frühstück gibt.

____ von 2 P

Erreichte Gesamtpunktzahl: ____ von 15 P

Teil D: Schreiben

Wähle eine Aufgabengruppe – A oder B – aus.

Aufgabengruppe A

M 1

1. a) Beschreibe das Bild (M 1) ausführlich.

Inhalt: ____ von 1 P

Sprache: ____ von 1 P

b) Setze das Bild mit dem Text in Verbindung.

Inhalt: ____ von 2 P

Sprache: ____ von 2 P

c) Was findest du besser: ein kostenloses Frühstück in der Schule oder ein Frühstück mit der Familie zu Hause? Begründe deine Meinung in einem kurzen, zusammenhängenden Text.

Inhalt: ____ von 2 P

Sprache: ____ von 2 P

2. Impulsgesteuertes Schreiben

Schreibe einen zusammenhängenden Text (z. B. Erfahrungen, Erlebnisse, Wünsche) zu dem unten stehenden Thema (Umfang mindestens 150 Wörter).

Ein gesundes Leben

Inhalt: ____ von 10 P

Sprache: ____ von 10 P

Erreichte Gesamtpunktzahl: ____ von 30 P

Aufgabengruppe B

M 2

Quelle: © Stefan Roth / roth-cartoons.de

M 3

„Das Tier hat ein fühlendes Herz wie du.
Das Tier hat Freude und Schmerz wie du. [...]
Das Tier hat ein Recht zu leben wie du.“
(Peter Rosegger)

1. Betrachte die Abbildung (M 2) und lies das Zitat (M 3).

   a) Beschreibe die Abbildung (M 2) in ein bis zwei Sätzen.

   ____

   ____

   ____

   ____

   ____

   ____

   Inhalt: ____ von 1 P

   Sprache: ____ von 1 P

   b) Deute die Karikatur (M 2) und stelle einen Bezug zu dem Zitat (M 3) her.

   ____

   ____

Inhalt: ____ von 2 P

Sprache: ____ von 2 P

c) Formuliere in einem zusammenhängenden Text deine Gedanken (z. B. Erfahrungen, Meinung, Haltung) zum Zitat und zur Karikatur (ca. 50 Wörter).

Inhalt: ____ von 2 P

Sprache: ____ von 2 P

2. Du wünschst dir, dass in eurer Mensa gesünderes Essen angeboten wird. Überzeuge den Koch der Mensa in einem Brief davon, mindestens drei Veränderungen oder Verbesserungen nach deinen Wünschen umzusetzen (Umfang 150 Wörter).

Inhalt: ____ von 10 P

Sprache: ____ von 10 P

Erreichte Gesamtpunktzahl: ____ von 30 P

Lösungsvorschläge

Teil A: Zuhören

Hörtext 1

Simon	Muhammed, ich habe gesehen, dass du jeden Tag mit dem Fahrrad zur Schule kommst. Warum nimmst du denn nicht den Bus? Das wäre doch viel weniger anstrengend. Mich bringt ja jeden Tag mein Vater mit dem Auto.
Muhammed	Stimmt schon, Simon, aber erstens möchte ich etwas für meine Gesundheit tun und zweitens geht es mit dem Fahrrad sogar schneller. Da brauche ich nur 20 Minuten. Mit dem Bus wäre es eine halbe Stunde. Den nimmt meine Schwester.
Simon	Mir wäre das zu anstrengend. Mein Bruder macht Karate und meint auch, ich solle Sport treiben. Aber ich bin einfach nicht fit genug.
Muhammed	Gibt es keinen Sport, auf den du Lust hättest?
Simon	Na ja, ich schaue total gerne Fußball und bin großer Fan des FC Bayern. Aber ich selbst kann doch nicht 90 Minuten über einen Fußballplatz rennen. Nach ein bisschen Bewegung bin ich schon außer Puste.
Muhammed	Das kann aber auch nicht besser werden, wenn du nichts machst. Du müsstest einfach mal anfangen mit dem Sport, dann wirst du schnell Verbesserungen merken. Das geht ja langsam los. Du nimmst zuerst jede Woche am Training teil, spielst immer nur ein paar Minuten mit und hast dann wieder Zeit kurz durchzuschnaufen. Und nach ein paar Wochen wirst du merken, dass du schon viel fitter bist.
Simon	Hm, vielleicht sollte ich das wirklich machen. Das wäre bestimmt auch eine gute Abwechslung zum langen Sitzen in der Schule. Hast du eine Ahnung, wie man sich da anmeldet?
Muhammed	Also mein Vater spielt Tennis in einem Verein. Da ist er einfach zum Training hingegangen und hat den Trainer gefragt, wie man mitmachen kann. Letztlich musste er ein Anmeldeformular ausfüllen, ein paar Euro pro Jahr bezahlen und ist so offiziell Mitglied im Verein geworden.
Simon	Und seitdem trainiert er dort regelmäßig?
Muhammed	Ja, er nimmt einmal pro Woche am Training teil und spielt außerdem noch am Wochenende mit einem Freund dort mindestens ein Match. Er ist dadurch viel fitter geworden. Wir wohnen ja im fünften Stock ohne Aufzug. Er läuft ohne Probleme die Treppen hoch. Das ist bei meiner Mutter schon anders. Sie macht keinen Sport und für sie ist der fünfte Stock echt anstrengend.

Simon	Bei mir zu Hause ist es genau umgekehrt. Meine Mutter geht regelmäßig joggen und ist super fit. Mein Vater sitzt den ganzen Tag im Büro und am Abend auf der Couch. Er hat überhaupt keine Kondition.
Muhammed	Dann nimm dir mal ein Beispiel an deiner Mutter!
Simon	Ja, du hast Recht. Ich gehe nächste Woche mal zum Fußballtraining beim Verein um die Ecke. Mal sehen, was der Trainer sagt …

Aufgabe zu Hörtext 1

(1) Muhammed nimmt das Fahrrad, weil …

- [x] es schneller geht als mit dem Bus.
- [ ] er nur eine halbe Stunde braucht.
- [ ] er zusammen mit seiner Schwester fahren kann.

***Hinweis:** Im Hörtext sagt Muhammed: „[…] und zweitens geht es mit dem Fahrrad sogar schneller.“*

(2) Simon …

- [ ] macht Karate.
- [ ] ist sehr fit.
- [x] ist Fußballfan.

***Hinweis:** Im Hörtext sagt Simon: „[…] ich schaue total gerne Fußball und bin großer Fan des FC Bayern.“*

(3) Muhammed ist der Meinung, dass …

- [ ] es nichts bringt, mit Sport anzufangen.
- [ ] man beim Sport schnell überfordert ist.
- [x] man beim Sport schnell Verbesserungen merkt.

***Hinweis:** Im Hörtext sagt Muhammed: „Du müsstest einfach mal anfangen mit dem Sport, dann wirst du schnell Verbesserungen merken.“*

(4) Muhammeds Vater …

- [ ] spielt Tischtennis.
- [ ] zahlt viel Geld für seine Vereinsmitgliedschaft.
- [x] trainiert jede Woche.

***Hinweis:** Im Hörtext sagt Muhammed über seinen Vater: „[…] er nimmt einmal pro Woche am Training teil […].“*

(5) Simons Mutter …

- [ ] macht keinen Sport.
- [x] geht joggen.
- [ ] hat einen Bürojob.

Hinweis: *Im Hörtext sagt Simon: „Meine Mutter geht regelmäßig joggen […].“*

Hörtext 2

---Werbung---

Fühlen Sie sich müde und schlapp? Sitzen Sie den ganzen Tag in der Schule oder im Büro? Verbringen Sie die Abende hauptsächlich auf dem Sofa? Dann ist es Zeit, neuen Schwung in Ihr Leben zu bringen!

Melden Sie sich im Fitnessstudio „Muskel Fit“ an! Sie finden uns in zwölf bayerischen Städten. Sie zahlen 15 Euro pro Monat und können das gesamte Angebot nutzen.

Neben dem Muskelaufbau stehen Ihnen auch viele Geräte zur Verbesserung der Ausdauer zur Verfügung. Außerdem gibt es Kurse, bei denen Sie zusammen mit anderen Studiomitgliedern ins Schwitzen kommen.

Sind Sie Anfängerin oder Anfänger? Kein Problem! Buchen Sie einen Termin für ein Einzeltraining. Dabei bekommen Sie eine Einführung zu den Geräten des Studios und wir zeigen Ihnen, wie Sie die Übungen richtig ausführen. Hierfür erheben wir eine Zusatzgebühr von 15 Euro pro Stunde.

Unsere Fitnessstudios sind 24 Stunden pro Tag geöffnet. Das ermöglicht das Training auch am Feierabend und am Wochenende. Sie sind total flexibel.

Für mehr Informationen gehen Sie auf unsere Internetseite www.muskel-fit.net. Oder kommen Sie direkt in einem unserer Studios vorbei. Wir freuen uns auf Ihren Besuch.

---Werbung Ende---

Aufgabe zu Hörtext 2

(1) **15 Euro**

Hinweis: *Im Hörtext wird gesagt: „Sie zahlen 15 Euro pro Monat […].“*

(2) **ein Einzeltraining**

Hinweis: *Im Hörtext heißt es: „Sind Sie Anfängerin oder Anfänger? Kein Problem! Buchen Sie einen Termin für ein Einzeltraining.“*

(3) **24 Stunden pro Tag**

Hinweis: *Im Hörtext wird gesagt: „Unsere Fitnessstudios sind 24 Stunden pro Tag geöffnet.“*

(4) **www.muskel-fit.net**

Hinweis: *Im Hörtext wird gesagt: „Für mehr Informationen gehen Sie auf unsere Internetseite www.muskel-fit.net."*

(5) **in den Studios**

Hinweis: *Im Hörtext heißt es: „Oder kommen Sie direkt in einem unserer Studios vorbei."*

Hörtext 3

Moderator	Herzlich willkommen bei einer neuen Folge des Podcasts „Wissenswert". Wir befinden uns immer noch im Themenmonat zum „Gesunden Leben". Nachdem wir uns letzte Woche ausführlich dem Sport gewidmet haben, geht es heute um die Ernährung, ein weiterer Baustein, der für ein gesundes Leben wichtig ist. Zu Gast ist heute die Ernährungswissenschaftlerin Prof. Dr. Konstanze Hofer. Guten Tag.
Prof. Dr. Hofer	Schönen guten Tag.
Moderator	Frau Prof. Dr. Hofer, Sie sind heute hier, um uns über aktuelle Tendenzen in Bezug auf gesunde Ernährung zu informieren. Welche Entwicklungen gibt es da denn?
Prof. Dr. Hofer	Also, ein großer Trend der letzten Zeit ist das Intervallfasten. Das geläufigste Modell ist, dass man acht Stunden am Tag essen kann, was man möchte, und 16 Stunden am Tag gar nichts isst. Am einfachsten gelingt das, wenn man früh zu Abend isst und am nächsten Tag das Frühstück auslässt.
Moderator	Was bringt dieses Intervallfasten denn?
Prof. Dr. Hofer	Es hilft dem Körper sich zu regenerieren und die Selbstheilungskräfte zu aktivieren. In den 16 Stunden ohne Essen beginnt der Körper seine Zellen zu erneuern. Das ist ganz wichtig. Wenn ich meinem Körper nie eine Pause vom Essen gebe, kommt dieser nur beim Schlafen in der Nacht zur Ruhe. Das ist aber nicht genug Zeit, um die Selbstreparatur zu aktivieren. Diese Zellerneuerung nennt man übrigens Autophagie.
Moderator	Interessant … Gibt es noch andere Ernährungstrends der letzten Jahre?
Prof. Dr. Hofer	Was in den letzten Jahren in jedem Fall zugenommen hat, ist die Zahl der Menschen in Deutschland, die sich vegan ernähren. Also Menschen, die komplett auf Nahrungsmittel aus tierischer Produktion verzichten. Sie essen also nicht nur kein Fleisch, sondern lassen beispielsweise auch Milch, Käse und Eier weg.
Moderator	Heißt das, sie ernähren sich ausschließlich von Obst, Gemüse und Getreide?

Prof. Dr. Hofer	Das macht sicher einen Großteil ihrer Ernährung aus. Wichtig ist dabei, dass Menschen, die sich vegan ernähren, genug Proteine bekommen, die normalerweise viel durch tierische Nahrungsmittel aufgenommen werden. Aber indem vegan lebende Menschen proteinreiche Lebensmittel wie Linsen oder andere Hülsenfrüchte essen, können sie diesen Mangel ausgleichen.
Moderator	Wie sieht es denn mit Fast Food aus?
Prof. Dr. Hofer	Der Konsum von Pizza, Burgern und Dönern existiert natürlich nach wie vor. In den letzten Jahren gab es teilweise eine Entwicklung, die gesundes Fast Food hervorgebracht hat. Beispielsweise Burger mit Vollkornbrötchen oder Döner mit sehr frischen Zutaten und fettarmem Fleisch. Aber trotzdem gibt es natürlich weiterhin viele bekannte amerikanische Burger-Restaurants, in denen Burger in Weißmehlbrötchen mit fettigen Pommes verkauft werden.
Moderator	Welche Folgen kann es denn haben, wenn man sehr viel Fast Food isst?
Prof. Dr. Hofer	Ein hoher Konsum von solcher Nahrung kann zu Übergewicht führen. Dies kann zu gesundheitlichen Problemen wie Herz-Kreislauf-Erkrankungen oder im schlimmsten Fall sogar zu Diabetes führen. Man sollte also klassisches Fast Food wirklich nur in Maßen zu sich nehmen.
Moderator	Frau Prof. Dr. Hofer, vielen Dank für Ihren Besuch heute. Da haben wir doch heute einen guten Überblick über die Entwicklungen gesunder Ernährung in den letzten Jahren bekommen.

Aufgabe zu Hörtext 3

(1)	Beim Intervallfasten isst man zum Beispiel nur acht Stunden am Tag.	☒
(2)	Beim Intervallfasten sollten man das Abendessen ausfallen lassen.	☐
(3)	Wenn man längere Zeit nichts isst, werden die Zellen im Körper repariert.	☒
(4)	Heute verzichten mehr Menschen auf tierische Lebensmittel als früher.	☒
(5)	In tierischen Lebensmitteln stecken viele Proteine.	☒
(6)	Für vegan lebende Menschen ist es nicht möglich, ausreichend Proteine zu sich zu nehmen.	☐
(7)	Beim Fast Food gab es in den letzten Jahren keine positiven Entwicklungen.	☐
(8)	Es gibt heute kaum noch amerikanische Burger-Läden.	☐
(9)	Übergewicht kann zu Krankheiten führen, die auch das Herz betreffen.	☒
(10)	Ein Ratschlag der Professorin ist, ganz auf Fast Food zu verzichten.	☐

Hinweis: *Aussage 1: Prof. Dr. Hofer sagt im Hörtext: „Also ein großer Trend der letzten Zeit ist das Intervallfasten. Das geläufigste Modell ist, dass man acht Stunden am Tag essen kann, was man möchte, und 16 Stunden am Tag gar nichts isst."*
Aussage 3: Prof. Dr. Hofer sagt im Hörtext: „In den 16 Stunden ohne Essen beginnt der Körper seine Zellen zu erneuern."
Aussage 4: Prof. Dr. Hofer sagt im Hörtext: „Was in den letzten Jahren in jedem Fall zugenommen hat, ist die Zahl der Menschen in Deutschland, die sich vegan ernähren. Also Menschen, die komplett auf Nahrungsmittel aus tierischer Produktion verzichten."
Aussage 5: Prof. Dr. Hofer sagt im Hörtext: „Wichtig ist dabei, dass Veganer genug Proteine bekommen, die normalerweise viel durch tierische Nahrungsmittel aufgenommen werden."
Aussage 9: Prof. Dr. Hofer sagt im Hörtext: „Ein hoher Konsum von solcher Nahrung kann zu Übergewicht führen. Dies kann zu gesundheitlichen Problemen wie Herz-Kreislauf-Erkrankungen oder im schlimmsten Fall sogar zu Diabetes führen."

Teil B: Sprachgebrauch

Sprachbetrachtung

1. die Fußballmannschaft, der Mannschaftsbus

   Hinweis: *Der Artikel richtet sich immer nach dem Grundwort (dem zweiten Wort). Zum Beispiel ist das Grundwort „der Bus", deshalb hat auch das zusammengesetzte Nomen den Artikel „der" (der Mannschaftsbus).*
   Weitere mögliche Komposita sind:
   die Basketballmannschaft, die Volleyballmannschaft, die Eishockeymannschaft, das Mannschaftstraining, der Mannschaftsgeist, der Mannschaftsführer

2. **Sport in der freien Natur**
   Celine (0) **war** (sein) am Wochenende joggen. Dazu ist sie in (1) **den** (der) Wald gegangen. Zunächst lief sie auf einem Weg an den Bäumen vorbei. Dann (2) **überquerte** (überqueren) sie eine Wiese, auf der sie viele Schmetterlinge und sogar zwei (3) **Hasen** (Hase) sah. Sie ging über eine Brücke und setzte ihre Runde auf einem (4) **breiten** (breit) Weg fort. Eine andere Joggerin war (5) **schneller** (schnell) als Celine und überholte sie. Nach einer halben Stunde drehte sie um und ging den gesamten Weg zurück. Als sie wieder zuhause war, war sie ziemlich müde und gönnte sich erst einmal (6) **eine** (ein) Dusche.

   Hinweis: *Bei dieser Aufgabe hilft es, wenn du die Wortart des Wortes in Klammern bestimmst. Verben („sein", „überqueren") musst du in die richtige Zeitform (hier Präteritum) und in die richtige Person setzen (hier „sie" im Singular). Artikel („der", „ein") musst du an das Bezugswort anpassen (hier an „Wald" und „Dusche"). Adjektive („breit" und „schnell") musst du entweder ebenfalls an das Bezugswort anpassen (hier „Weg") oder richtig steigern, wenn ein Vergleich mit „als" gezogen wird.*

3. (1) Celine isst viel Obst und Gemüse, um **viele Vitamine zu sich zu nehmen**.

   (2) Celine macht jeden Tag Sport, obwohl **sie nur wenig Zeit hat**.

   (3) Celines Bruder macht keinen Sport, weil **er zu faul ist**.

   Hinweis: *Überlege, was durch die Nebensätze bzw. die Infinitivkonstruktion ausgedrückt wird: ein Grund („um", „weil") oder ein Gegensatz („obwohl")?*

4. Sarah geht jede Woche ins Fitnessstudio(,) damit sie in Form bleibt. Ihre Schwester Laura macht keinen Sport(,) deshalb fragt Sarah sie oft: („)Willst du nicht mit ins Fitnessstudio kommen(?)(")

   Hinweis: *Für jedes richtig gesetzte Satzzeichen bekommst du einen halben Punkt. Die Anführungszeichen (oben* ***und*** *unten) zählen als ein Satzzeichen.*

Rechtschreiben

5. Sport ist in Deutschland ein (0) *Wichtiges / wichtiges* Thema. Die Leute lieben es, Sport zu (1) *Machen / machen*. Sie wollen damit (2) *Stress / stress* abbauen und etwas für (3) *Ihre / ihre* Gesundheit tun. Auch das (4) *Anschauen / anschauen* von Sportwettkämpfen im (5) *Fernsehen / fernsehen* ist beliebt. Dabei haben die Fans (6) *Verschiedener / verschiedener* Sportarten jede Menge Spaß.

   Hinweis: *Das Verb „machen" wird kleingeschrieben. „Stress" ist ein Nomen und wird wie alle Nomen großgeschrieben. „Anschauen" ist zwar ein Verb, wird hier aber wie ein Nomen verwendet und deshalb großgeschrieben. Das „Fernsehen" ist ein Nomen und wird großgeschrieben. „Verschiedener" ist ein Adjektiv, die grundsätzlich kleingeschrieben werden (außer sie stehen am Satzanfang).*

6.

Jeden Dienstag nimmt Sarah das ~~Fahrad~~ und	**Fahrrad**
fährt ins Fitnessstudio. Zuerst ~~ziet~~ sie sich um	**zieht**
und ~~wermt~~ sich auf. Dann absolviert sie ihr	**wärmt**
Sportprogramm. ~~Anschliesend~~ duscht sie sich	**Anschließend**
und ~~fehrt~~ wieder nach Hause.	**fährt**

Hinweis: *Diese Rechtschreibstrategien helfen dir dabei, die Wörter richtig zu schreiben:*
Fahrrad: Ich trenne das Wort nach Silben (Fahr-rad). → So wird der Doppelkonsonant hörbar.
zieht: Ich bilde den Infinitiv „ziehen". → So hörst du das „h".
wärmt: Ich suche ein verwandtes Wort (z. B. warm). → Daran erkennst du, dass das Wort mit „ä" geschrieben werden muss.
Anschließend: Ich achte auf die Vokallänge (hier ein langes „i"). → Nach einem langen Vokal wird der scharfe s-Laut im Wortinneren mit „ß" geschrieben.
fährt: Ich bilde den Infinitiv „fahren". → So wird erkennbar, dass das Wort mit „ä" geschrieben werden muss.

Teil C: Lesen

1. ***Hinweis:*** *In den folgenden Zeilen kannst du der Reihe nach überprüfen, ob die Aussagen richtig oder falsch sind: Z. 4–6, Z. 7–8, Z. 13–15, Z. 27–29, Z. 33/34, Z. 40/41, Z. 47/48*

	richtig	falsch
Das kostenlose Frühstück wird von den Schülerinnen und Schülern selbst vorbereitet.	☐	☒
Auch ohne Frühstück kann man gut verstehen, was im Unterricht passiert.	☐	☒
In Prüfungen schneiden Schulkinder, die frühstücken, häufig besser ab als Schulkinder, die nicht frühstücken.	☒	☐
Um leistungsfähig zu sein, sollten Schülerinnen und Schüler zum Beispiel Vollkornprodukte zum Frühstück essen.	☒	☐
Es gibt nur wenige Familien, in denen morgens nicht gemeinsam gefrühstückt wird.	☐	☒
Es gibt nur wenige Schulen in Deutschland, die ein kostenloses Frühstück anbieten möchten.	☐	☒

2. ***Hinweis:*** *Lies zuerst die Aussagen in der rechten Spalte. Anschließend liest du die einzelnen Textabschnitte noch einmal und ordnest ihnen die jeweils passende Aussage zu.*

1	2	3	4	5	6
g	**b**	**h**	**c**	**a**	**d**

Hinweis: *Aussage e bleibt übrig.*

3. ***Hinweis:*** *Die Lösungen findest du in folgenden Zeilen: Z. 4, Z. 5, Z. 8*

Der Verein „brotZeit“ wurde im Jahr (0) **2009** gegründet und organisiert jeden Tag an über (1) **130** deutschen Schulen für 7 200 (2) **Schulkinder** ein kostenloses Frühstück. Dabei helfen (3) **Senioren** ehrenamtlich, indem sie das Frühstück vorbereiten. Alle Schülerinnen und Schüler können an diesen Schulen vor dem Unterricht gratis frühstücken.

4. ***Hinweis:*** *Die Informationen zu dieser Frage finden sich an verschiedenen Stellen im Text und werden teilweise auch mehrmals genannt. Du findest sie z. B. in den Zeilen 11, 13–15, 27–29.*

- Sie können sich nicht konzentrieren.
- Sie können dem Unterricht nicht so gut folgen.
- Die Wahrscheinlichkeit, dass sie schlechtere Noten haben, ist größer.

5. ***Hinweis:*** *In den Zeilen 30–35 kannst du nachlesen, dass Lebensmittel, die Zucker enthalten, nicht gegessen werden sollten. Im gleichen Absatz werden Beispiele für gesunde Lebensmittel genannt, die du hier notieren musst.*

   - Vollkornprodukte
   - fettarme Milchprodukte
   - Obst

6. ***Hinweis:*** *Wenn du den Ausdruck nicht kennst, dann lies die Textstelle noch einmal und überlege, welche Antwortmöglichkeit in diesem Zusammenhang Sinn ergibt.*

   ☐ Wenn man einen knurrenden Magen hat, sollte man etwas essen.
   ☒ Wenn man Hunger hat, kann man sich nicht gut konzentrieren.
   ☐ Wenn man Bauchschmerzen hat, kann man nicht gut lernen.

7. ***Hinweis:*** *Die geforderten Gründe werden im Text ab Zeile 36 genannt. Die vier Lösungen findest du in folgenden Zeilen: Z. 38, Z. 38/39, Z. 40/41.*
   Manche Schülerinnen und Schüler …

   ☒ haben morgens keinen Hunger.
   ☐ leben in Familien, die kein Geld für Frühstück haben.
   ☐ haben keine Lust, mit ihren Eltern zu frühstücken.
   ☒ haben morgens keine Ruhe zum Frühstücken.
   ☒ haben morgens keine Zeit zum Frühstücken.
   ☐ denken nicht daran, zu frühstücken.
   ☒ frühstücken nicht, weil es bei ihnen zu Hause kein gemeinsames Frühstück gibt.

Teil D: Schreiben

Aufgabengruppe A

1. a) **Hinweis:** *Gehe genau darauf ein, was du auf dem Bild siehst. Beschreibe also die Personen und die Lebensmittel, die auf dem Tisch stehen. Du kannst auch erwähnen, ob die Familie eher zufrieden oder unglücklich wirkt.*

   Auf dem Foto sieht man eine Familie, die gemeinsam in der Küche frühstückt. Auf dem Tisch stehen ein Krug Milch, vier Gläser Saft, Brot, Obst und Müsli. Die Eltern und die Kinder sehen zufrieden aus. Sie sind bereits angezogen und sind bereit, das Haus zu verlassen.

   b) **Hinweis:** *Du musst dir überlegen, in welchem Zusammenhang das Bild mit dem Text steht. Zeigt es eine Gemeinsamkeit mit dem Text? Oder sieht man auf dem Bild das Gegenteil von dem, was im Text beschrieben wird? Antworte unbedingt in einem zusammenhängenden Text.*

   Im Text steht, dass es viele Familien gibt, die nicht gemeinsam frühstücken. Auf dem Bild ist das Gegenteil zu sehen, nämlich eine Familie, die morgens zusammen isst. Gut wäre es, wenn es in jeder Familie so wäre wie auf dem Bild: Kinder und Eltern essen am Morgen gemeinsam, sodass sich die Kinder dann in der Schule gut konzentrieren können.

   c) **Hinweis:** *Für welche Möglichkeit du dich entscheidest, bleibt dir überlassen. Du musst deine Meinung aber auf jeden Fall begründen: Warum vertrittst du diese Meinung? Diese Frage muss dein Text beantworten.*

   Ich finde es besser, gemeinsam mit der Familie zu frühstücken, da man dann Zeit mit seinen Eltern und Geschwistern verbringt. Man unterhält sich, plant den Tag und erzählt, was man in der Nacht geträumt hat. Das ist ein schöner Start in den Tag.

2. **Hinweis:** *Die Aufgabenstellung ist sehr offen formuliert. Das bedeutet, dass es für deinen Text viele verschiedene Möglichkeiten gibt. Zum Thema Gesundheit kannst du beispielsweise über Sport und Ernährung schreiben und erzählen, welchen Sport du treibst oder wie du dich ernährst. Vielleicht bist du aber auch der Meinung, dass viele Leute zu sehr auf ihre Ernährung achten und dabei den Spaß am Leben verlieren. Auch darauf könntest du in deinem Text eingehen. Achte unbedingt darauf, einen zusammenhängenden Text zu schreiben, und prüfe ihn am Ende noch einmal auf Rechtschreibfehler.*

   Ein gesundes Leben

   Zu einem gesunden Leben gehören für mich vor allem zwei Bereiche: Sport und Ernährung. Wenn man seinen Körper fit hält und gute Lebensmittel isst, führt man ein gesundes Leben.
   Ich treibe zum Beispiel regelmäßig Sport. Mehrmals pro Woche gehe ich Laufen. Außerdem bin ich Mitglied in einem Sportverein, bei dem ich oft zum Fußballtraining gehe. Manchmal fahre ich auch mit dem Fahrrad zur Schule und nehme an diesen Tagen nicht den Bus – so bewege ich mich im Alltag ganz automatisch.
   Abgesehen davon versuche ich, mich gesund zu ernähren, auch wenn das nicht immer leicht ist. Ich mag Obst und Gemüse und bemühe mich, nicht zu viel Fleisch zu essen. Manchmal habe ich aber auch einfach Lust auf Hamburger mit Pommes. Dann mache ich eine Ausnahme,

schließlich soll Essen auch noch Spaß machen. Am allerliebsten esse ich die frisch zubereiteten Gerichte von meiner Mutter.
Ich denke, eine gesunde Lebensweise ist für alle Menschen wichtig, um sich gut zu fühlen und möglichst lange zu leben. Jeder Mensch sollte darauf achten, sich ausreichend zu bewegen und sich gesund zu ernähren. *(177 Wörter)*

Aufgabengruppe B

1. a) **Hinweis:** *Benutze bei der Beschreibung Ausdrücke wie „im Vordergrund" und „im Hintergrund". Schreibe auch, wie sich die beiden Kühe fühlen.*

   Die Karikatur zeigt im Vordergrund ein Kalb, das seiner Mutter mit einem Blumenstrauß im Maul zum Muttertag gratuliert. Im Hintergrund ist die Mutterkuh in einem Laster zu sehen, der zum Metzger fährt. Die Kuh und das Kalb sind traurig.

   b) **Hinweis:** *Überlege, welche Aspekte aus dem Zitat sich in der Karikatur wiederfinden und welche Widersprüche es zwischen beiden gibt. Ziehe daraus Schlüsse, was der Zeichner mit der Karikatur ausdrücken möchte. Achte beim Lesen des Zitats auch auf Wiederholungen, die die Wichtigkeit bestimmter Inhalte betonen.*

   Die Karikatur zeigt, dass die beiden Kühe traurig sind, da die Mutter zum Schlachten gefahren wird. Der Zeichner kritisiert also das Töten der Tiere durch den Menschen. Auch das Zitat drückt aus, dass Tiere Gefühle haben und deshalb das gleiche Recht zu leben haben wie Menschen.

   c) **Hinweis:** *Was hältst du davon, dass Tiere getötet werden, damit Menschen sie essen können? Bist du vielleicht selbst Vegetarierin oder Vegetarier? Oder isst du Fleisch und siehst darin kein Problem? Was hältst du von Massentierhaltung?*

   Ich denke, ein großes Problem beim Fleischkonsum ist die Massentierhaltung. Diese führt dazu, dass Fleisch sehr billig ist und von vielen Menschen täglich gegessen wird. Man sollte darauf achten, dass man Bio-Fleisch kauft. Das ist zwar teurer, aber dafür sollte man einfach seltener Fleisch essen.

2. **Hinweis:** *Beachte, dass du bei einem Brief eine Anrede und eine Schlussformel schreiben musst. Formuliere deine Wünsche an den Koch höflich. Überlege dir, was man unter gesundem Essen versteht, und begründe auch, warum du gerne mehr davon hättest.*

   Sehr geehrter Herr Müller,

   ich bin sehr froh, dass Sie uns jeden Tag mit Essen Getränken versorgen und wir unsere Pause in Ihrer Mensa verbringen dürfen. Manchmal würde ich mir wünschen, dass es noch etwas gesünderes Essen zu kaufen gäbe.
   Was halten Sie von der Idee, Salatteller anzubieten? So würden die Schülerinnen und Schüler in ihrer Pause viele Vitamine zu sich nehmen und wären nach dem Essen weniger müde, als wenn sie Pommes mit Ketchup essen.
   Außerdem wäre es schön, wenn es an Tagen, an denen es Fleisch gibt, auch eine vegetarische Variante gäbe. Mittlerweile gibt es viele Schülerinnen und Schüler, die sich vegetarisch

ernähren. Sie müssen oft den Tag mit Süßigkeiten bestreiten, da sie die Fleischgerichte nicht essen können.
Was halten Sie von meinen Ideen? Ich würde mich freuen, wenn wir vielleicht auch persönlich über meine Wünsche sprechen könnten.

Mit freundliche Grüßen
Ceyda Karatas (9 b) *(147 Wörter)*

Übungsaufgaben im Stil der Prüfung
Übungsaufgabe 2

Teil A: Zuhören

Aufgabe zu Hörtext 1

Pauline und Kiara sind in der Schule. Es klingelt zur großen Pause. Da das Wetter schön ist, setzen sie sich in den Pausenhof. Kiara beginnt ein Gespräch über ihren bevorstehenden Geburtstag.

Höre dem Gespräch zwischen Pauline und Kiara zu. Beantworte die Fragen (1–5) während des Hörens mit Kurzantworten. Eine Frage (0) ist bereits beantwortet.

(0) Den wievielten Geburtstag feiert Kiara?

den sechzehnten

(1) An welchem Wochentag und um wie viel Uhr ist die Geburtstagsfeier?

____

____ von 1 P

(2) Was macht Kiara an ihrem Geburtstag mit ihren Gästen?

____

____ von 1 P

(3) An welcher Adresse treffen sich Kiara und ihre Gäste?

____

____ von 1 P

(4) Was kann man sich vor Ort ausleihen?

____

____ von 1 P

(5) Wie viele Leute kommen insgesamt zu Kiaras Geburtstagsfeier?

____

____ von 1 P

____ **von 5 P**

Aufgabe zu Hörtext 2

Tom ist bei Paolo zu Besuch. Weihnachten ist gerade vorbei und in wenigen Tagen wird das neue Jahr gefeiert. Die beiden unterhalten sich über Silvester-Traditionen in verschiedenen Ländern.

Höre dem Gespräch zwischen Tom und Paolo zu. Kreuze während des Hörens die richtige Lösung an. Eine Lösung (0) ist bereits angekreuzt.

(0) Tom feiert Silvester diese Jahr …

- ☐ mit Freundinnen und Freunden.
- ☒ mit seiner Familie.
- ☐ alleine.

(1) Bleigießen …

- ☐ wird heute nicht mehr mit Blei gemacht.
- ☐ wurde in der Vergangenheit mit Wachs gemacht.
- ☐ darf zukünftig gar nicht mehr gemacht werden. ____ von 1 P

(2) Paolo trägt zu Silvester eine rote Unterhose, weil …

- ☐ er Italiener ist.
- ☐ er denkt, dass es Glück bringt.
- ☐ sein Vater es so möchte. ____ von 1 P

(3) In Spanien isst man an Silvester um Mitternacht …

- ☐ in der Kirche zum Läuten der Kirchenglocken zwölf Trauben.
- ☐ mit einem Freund in einer Kirche zwölf Trauben.
- ☐ mit den zwölf Glockenschlägen jeweils eine Traube. ____ von 1 P

(4) In Spanien …

- ☐ schenken sich die Menschen an Silvester goldene Ringe.
- ☐ trinkt man an Silvester aus einem Glas, in dem ein goldener Ring ist.
- ☐ gibt man an Silvester Trauben und einen goldenen Ring in ein Glas. ____ von 1 P

(5) Auf den Philippinen springen die Kinder an Silvester oft in die Luft, damit sie …

- ☐ größer werden.
- ☐ Glück im neuen Jahr haben.
- ☐ genug Essen haben werden. ____ von 1 P

____ **von 5 P**

Aufgabe zu Hörtext 3

An Toms Schule informiert die PCB-Lehrerin die Schülerinnen und Schüler der Umwelt-AG über die Probleme von Silvester-Feuerwerk.

Höre zu, was Frau Müller sagt. Ergänze während des Hörens die Lücken mit Informationen aus dem Text. Eine Lücke (0) ist bereits ergänzt.

Ein Problem, das durch (0) **Böller** entsteht, ist der Feinstaub. Am letzten Tag des Jahres sind das 1000 Mikrogramm pro Kubikmeter. Das sind 15 Prozent von dem, was die (1) ________________ in Deutschland pro Jahr in die Luft blasen. Feinstaub ist vor allem ein Problem für Menschen mit (2) ________________ und Herz-Kreislauf-Erkrankungen. Für die Tiere ist vor allem der (3) ________________ ein Problem. Bei ihnen löst das einen Fluchtreflex und Stress aus. Auch der Müll, der durch Feuerwerk entsteht, ist ein Problem. In den fünf größten deutschen Städten entstehen jedes Jahr an Silvester (4) ________________ Tonnen. Ein Problem dabei sind die Chemikalien, die durch die Böden ins (5) ________________ gelangen.

____ **von 5 P**

Erreichte Gesamtpunktzahl: ____ von 15 P

Teil B: Sprachgebrauch

Sprachbetrachtung

1. Setze jeweils ein Wort (Nomen, Verb oder Adjektiv) ein, das mit dem Wort in Klammern verwandt ist. Beachte das Beispiel (0).

   In Deutschland (0) **feiert** (Feier) man Weihnachten am 24. Dezember. Am Abend isst man zuerst gemeinsam mit der (1) ______________ (familiär) zu Abend. Dann gibt es die (2) ______________ (schenken). Unter dem Weihnachtsbaum liegen ganz viele Päckchen, über die sich vor allem die Kinder (3) ______________ (Freude). Am ersten und zweiten Weihnachtsfeiertag besucht man oft die (4) ______________ (verwandt).

   ____ von 2 P

2. Ergänze jeweils die Präposition, die zu dem unterstrichenen Verb passt. Eine Präposition (0) ist bereits eingetragen.

   Ein Weihnachtsgeschenk für den Bruder

   In wenigen Tagen ist Weihnachten und Hanna möchte für ihren kleinen Bruder ein Geschenk kaufen. Sie geht in ein Kaufhaus und <u>fragt</u> (0) **nach** der Computerabteilung. Dort <u>informiert</u> sie sich (1) ________ aktuelle Spieletrends. Sie <u>vertraut</u> (2) ________ den Rat des Verkäufers und nimmt das neueste Autorennspiel. An Heiligabend <u>freut</u> sich ihr Bruder wahnsinnig (3) ________ das Spiel. Er <u>bedankt</u> sich (4) ________ seiner Schwester. Er ruft sofort seinen besten Freund an und <u>erzählt</u> ihm (5) ________ dem neuen Game. Den Rest des Abends <u>beschäftigt</u> er sich nur (6) ________ der Spielekonsole.

   ____ von 3 P

3. Wähle passende Konjunktionen aus dem Kasten aus und ergänze die Sätze im Text sinnvoll.

nachdem • ob • oder • trotzdem • und • obwohl • weil • damit

   (0) Ayse macht eine Geburtstagsparty, **damit sie alle ihre Freunde an einem Tag sehen kann**.
   (an einem Tag – sie – alle ihre Freunde – sehen können)

   (1) Simone schenkt Ayse zum Geburtstag ein Buch, ______________________________

   ____

   (ein Hobby – Lesen – von ihr – sein)

(2) Lorenz kommt auch zur Party von Ayse, ______________________________

____

(etwas anderes – an diesem Tag – er – geplant haben)

(3) Ceyda fragt sich, ______________________________

____

(zu ihrem Geburtstag – sie – Ayse – einladen)

_____ von 3 P

4. Setze die fehlenden Satzzeichen.

Da Ayse bald Geburtstag hat macht sich ihre Mutter Gedanken über ein Geschenk Die Mutter fragt Ayse: Was wünschst du dir zum Geburtstag

_____ von 2 P

Rechtschreiben

Prüflinge mit anerkannter <u>Rechtschreibstörung</u>, die Notenschutz gemäß § 34 BaySchO beanspruchen, bearbeiten die Aufgaben aus Teil B Sprachgebrauch – Rechtschreiben nicht.

5. Groß oder klein, getrennt oder zusammen? Unterstreiche jeweils die richtige Schreibweise. Beachte das Beispiel (0).

Während in Deutschland das (0) *Neue/<u>neue</u>* Jahr stets am 1. Januar begrüßt wird, feiert man in China Neujahr zwischen dem 21. Januar und dem 20. Februar. Das hängt (1) *davon/da von* ab, was der (2) *Mondkalender/Mond Kalender* sagt. Es ist das wichtigste Fest der Chinesen, (3) *beidem/bei dem* Häuser und Straßen mit roten (4) *Glücksbringern/Glücks Bringern* geschmückt werden. Traditionell treffen sich die Familien zu einem großen (5) *Essen/essen.* Beim (6) *Schenken/schenken* greift man häufig auf rote Umschläge zurück, in denen sich Geld befindet.

_____ von 3 P

6. Lies den Text und korrigiere ihn. Streiche dazu die vier falsch geschriebenen Wörter durch und schreibe sie wie im Beispiel richtig auf die Zeile darüber.

verkleiden

In Deutschland feiert man in den ersten Monaten des Jahres gerne Fasching. Dabei ~~ferkleiden~~

sich die Menschen und tragen Kostüme. Beliebt sind Tiere, zum Beispiel Katze, Hunt oder

Maus. In vielen Städten gibt es Umzühge, bei denen die Leute verkleidet sind, durch die

Strassen laufen und Süßigkeiten vertailt werden.

____ von 2 P

Erreichte Gesamtpunktzahl: ____ von 15 P

Teil C: Lesen

Tschick

Mitten in den Sommerferien hatte Tatjana Geburtstag, und da sollte eine Riesenparty stattfinden. Tatjana hatte das schon lange vorher angekündigt. Es hatte geheißen, dass sie ihren vierzehnten Geburtstag in Werder bei Potsdam feiert und dass alle dorthin eingeladen wären mit Übernachtung und so. Sie hatte bei ihren besten Freundinnen rumgefragt, weil sie sicher sein wollte, dass die auch da sein würden, und weil Natalie schon am dritten Ferientag mit ihren Eltern in den Urlaub fuhr, musste die ganze Party auf den zweiten Tag vorverlegt werden, und deshalb wurde das alles auch so früh bekannt.

Dieses Haus in Werder gehörte einem Onkel von Tatjana und lag direkt am See, und dieser Onkel wollte Tatjana das Haus praktisch überlassen, es würden außer ihm keine Erwachsenen da sein, es würde die Nacht durchgefeiert, und alle sollten ihre Schlafsäcke mitbringen.

Das war natürlich ein großes Thema in der Klasse, Wochen vorher schon, und ich fing an, mich in Gedanken mit diesem Onkel zu beschäftigen. Ich weiß nicht mehr, warum der mich so faszinierte, aber ich dachte, das müsste ein ziemlich interessanter Typ sein, dass der Tatjana einfach so sein Haus überlässt und dass er auch noch verwandt mit ihr ist, und ich freute mich wahnsinnig darauf, ihn kennenzulernen. Ich sah mich schon immer mit ihm in seinem Wohnzimmer am Kamin stehen und supergepflegt Konversation machen. Dabei wusste ich ja nicht mal, ob es in dem Haus einen Kamin gab. Aber ich war nicht der Einzige, der aufgeregt war wegen dieser Party. Julia und Natalie überlegten schon lange vorher immer, was sie Tatjana schenken sollten, das konnte man auf den Zetteln lesen, die im Unterricht durch die Bänke gereicht wurden. Das heißt, ich konnte es lesen, weil ich in der direkten Verbindungslinie zwischen Julia und Natalie saß, und ich war natürlich wie elektrisiert von dieser Geschenkidee und dachte selbst über nichts anderes mehr nach als darüber, was ich Tatjana zum Geburtstag schenken könnte. Julia und Natalie, das war schon mal klar, würden ihr die neue Beyoncé-CD schenken. Julia hatte Natalie eine Liste zum Ankreuzen geschickt, die ungefähr so aussah:

O *Beyoncé*
O *Pink*
O *das Halsband mit den* [unleserlich]
O *lieber noch mal abwarten*

Und Natalie hatte ganz oben ihr Kreuz gemacht. Das war allgemein bekannt, Tatjana fand Beyoncé toll. Was ich erst mal ein bisschen problematisch fand, weil ich Beyoncé scheiße fand, jedenfalls die Musik. Aber immerhin sah sie phantastisch aus, sie hatte sogar eine gewisse Ähnlichkeit mit Tatjana, und deshalb fand ich Beyoncé dann irgendwann auch nicht mehr ganz so scheiße. Im Gegenteil, ich fing an, Beyoncé zu mögen, und auch ihre Musik mochte ich auf einmal. Nein, das stimmt nicht. Ich fand die Musik *super*. Ich hatte mir die letzten zwei CDs gekauft und hörte sie in Endlosschleife, während ich an Tatjana dachte und daran, mit was für einem Geschenk ich auf dieser Party auflaufen wollte. Irgendwas von Beyoncé konnte ich ihr auf keinen Fall schenken. Auf die Idee waren außer Julia und Natalie wahrscheinlich noch dreißig andere gekommen, und dann bekam Tatjana zum Geburtstag dreißig Beyoncé-CDs und konnte neunundzwanzig umtauschen. Ich wollte ihr irgendwas Besonderes schenken, aber mir fiel nichts ein, und erst als dieser Zettel zum Ankreuzen bei mir vorbeikam, da fiel es mir ein.

Quelle: Wolfgang Herrndorf: Tschick. Rowohlt Verlag. Berlin, 2011. S. 57–59.

Arbeitsaufträge

1. Richtig oder falsch? Kreuze an (✗).

	richtig	falsch
Natalie feiert ihren Geburtstag in Potsdam.	☐	☒
Natalie fährt am Anfang der Ferien mit ihren Eltern in den Urlaub.	☐	☐
Tatjanas Onkel ist an ihrer Geburtstagsfeier anwesend.	☐	☐
Der Erzähler kennt Tatjanas Onkel.	☐	☐
Natalie will Tatjana ein Halsband schenken.	☐	☐
Tatjana mag die Musik von Beyoncé.	☐	☐
Der Erzähler fand die Musik von Beyoncé schon immer super.	☐	☐

____ von 3 P

2. Ordne die Aussagen (a–h) den Textabschnitten (1–7) zu. Trage die Lösung in die Tabelle auf der nächsten Seite ein. Eine Aussage ist bereits zugeordnet. Eine Aussage passt nicht.

Zeile 1–4	**0**
Zeile 4–7	1
Zeile 8–10	2
Zeile 11–17	3
Zeile 17–22	4
Zeile 22–30	5
Zeile 30–36	6

a	Der Erzähler gibt im Unterricht Nachrichten zwischen zwei Mitschülerinnen weiter.
b	**Tatjana will in den Sommerferien ihren Geburtstag feiern.**
c	Der Erzähler denkt über Tatjanas Onkel nach.
d	Julia macht Natalie wegen Tatjanas Geschenk vier Vorschläge.
e	Tatjana verschiebt den Tag ihrer Geburtstagsfeier auf den zweiten Ferientag.
f	Der Erzähler hat eine Idee für ein Geschenk.
g	Tatjanas Onkel überlässt ihr für die Geburtstagsfeier sein Haus in Werder.
h	Der Erzähler beginnt, die Musik von Beyoncé gut zu finden.

0	1	2	3	4	5	6
b						

_____ von 3 P

3. Im Text erfährst du einiges über Tatjana. Ergänze das Cluster. Beziehe dich dabei auf den Text.

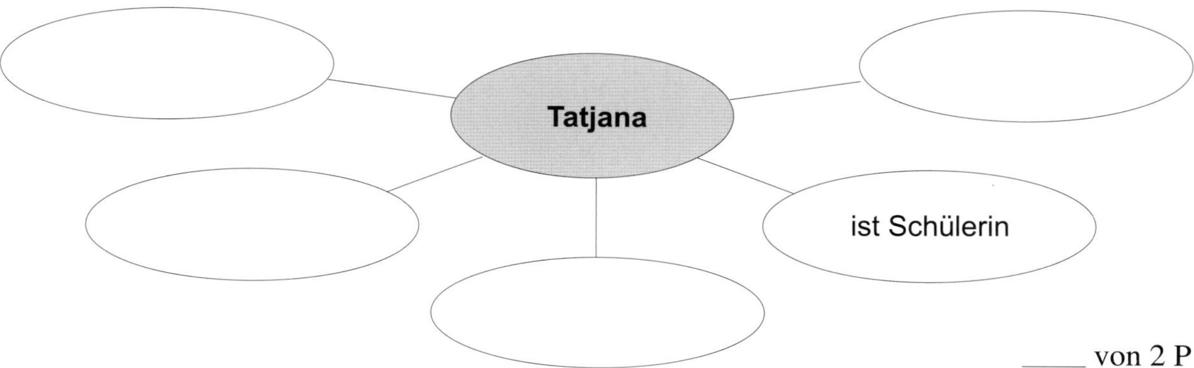

_____ von 2 P

4. Nenne stichpunktartig die Antworten zu den Fragen zu Tatjanas Geburtstagsfeier.

Wann? ______________________________

Wo? ______________________________

Mit wem? ______________________________

_____ von 3 P

5. Die folgenden Aussagen stimmen nicht mit dem Inhalt des Textes (vgl. Zeilen 11–17) überein. Korrigiere die Aussagen, indem du zwei falsche Wörter durchstreichst und das jeweils richtige Wort darüber schreibst.

großes

Tatjanas Geburtstagsparty ist ein ~~nebensächliches~~ Thema in der Schule. Der Erzähler macht

sich Gedanken über die Feier, die im Haus von Tatjanas Onkel stattfinden soll. Er denkt, dass

der Onkel ein langweiliger Mann ist. Der Erzähler hat keine Lust den Onkel kennenzulernen.

Er denkt dabei an Gespräche mit ihm im Wohnzimmer des Hauses.

_____ von 2 P

6. „Ich […] hörte [die CD] in Endlosschleife“ (Zeilen 34/35). Was bedeutet das? Kreuze die richtige Erklärung an.

   ☐ Ich habe die CD beim Anhören als Geschenk verpackt.

   ☐ Ich habe die CD immer wieder angehört.

   ☐ Ich hatte irgendwann keine Lust mehr auf die CD.

____ von 1 P

7. Der Erzähler denkt viel darüber nach, was er Tatjana schenken soll. Nenne zwei Stellen im Text, die das belegen. Gib die entsprechenden Zeilen dazu an.

   ____ Z. ________

   ____ Z. ________

____ von 1 P

Erreichte Gesamtpunktzahl: ____ von 15 P

Teil D: Schreiben

Wähle eine Aufgabengruppe – A oder B – aus.

Aufgabengruppe A

1. a) Beschreibe das Bild (M 1).

M 1

© Aleksandar Kosev/dreamstime.com

Inhalt: ____ von 1 P

Sprache: ____ von 1 P

b) Setze das Bild mit dem Text in Verbindung.

Inhalt: ____ von 2 P

Sprache: ____ von 2 P

c) Feierst du an deinem Geburtstag gerne eine große Party mit Freunden oder machst du lieber ein kleines Fest mit deiner Familie? Begründe deine Meinung.

Inhalt: ____ von 2 P

Sprache: ____ von 2 P

2. Impulsgesteuertes Schreiben

   Schreibe einen zusammenhängenden Text (z. B. Erfahrungen, Erlebnisse, Wünsche) zu dem unten stehenden Thema (Umfang ca. 150 Wörter).

Mein schönstes Fest

Inhalt: ____ von 10 P

Sprache: ____ von 10 P

Erreichte Gesamtpunktzahl: ____ von 30 P

Aufgabengruppe B

An Silvester nehmen sich die Menschen in Deutschland oft vor, im nächsten Jahr etwas in ihrem Leben zu ändern. Man spricht von den guten Vorsätzen für das neue Jahr.

1. Betrachte die Abbildung M 2.

M 2

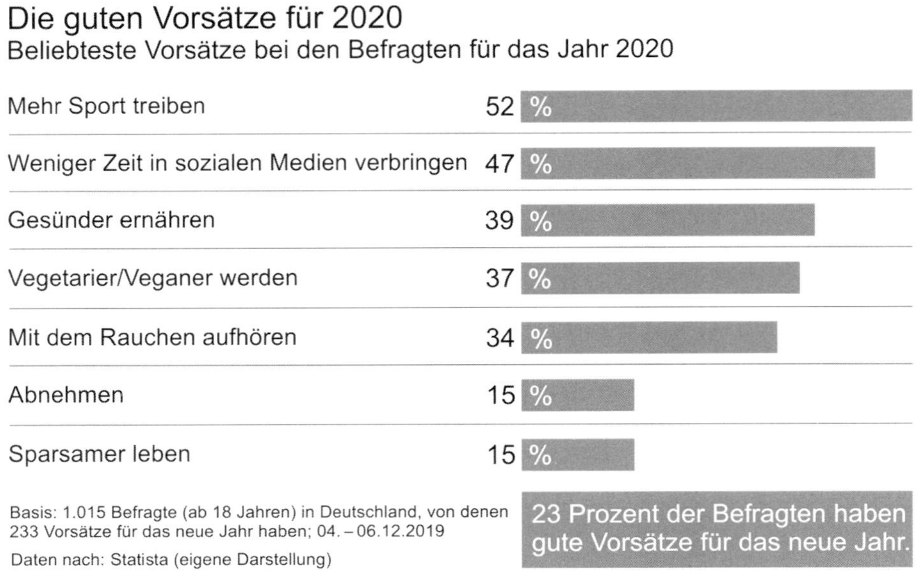

Die guten Vorsätze für 2020

Beliebteste Vorsätze bei den Befragten für das Jahr 2020

Mehr Sport treiben	52 %
Weniger Zeit in sozialen Medien verbringen	47 %
Gesünder ernähren	39 %
Vegetarier/Veganer werden	37 %
Mit dem Rauchen aufhören	34 %
Abnehmen	15 %
Sparsamer leben	15 %

Basis: 1.015 Befragte (ab 18 Jahren) in Deutschland, von denen 233 Vorsätze für das neue Jahr haben; 04.–06.12.2019

Daten nach: Statista (eigene Darstellung)

23 Prozent der Befragten haben gute Vorsätze für das neue Jahr.

Quelle: eigene Darstellung nach: https://de.statista.com/infografik/20341/umfrage-beliebteste-vorsaetze-fuer-2020/

a) Beschreibe die Abbildung (M 2) in ein bis zwei Sätzen.

Inhalt: ____ von 1 P

Sprache: ____ von 1 P

b) Formuliere zwei wesentliche Aussagen zu der Abbildung (M 2).

Inhalt: ____ von 2 P

Sprache: ____ von 2 P

c) Erkläre, was du in deinem Leben im nächsten Jahr gerne anders machen würdest (ca. 50 Wörter).

Inhalt: ____ von 2 P

Sprache: ____ von 2 P

2. Im Internet stößt du kurz vor Silvester auf ein Forum, in dem die Menschen über ihre Zukunft nachdenken. Das Thema ist: „Mein Leben in fünf Jahren“. Verfasse einen zusammenhängenden Text (ca. 150 Wörter), in dem du deine Gedanken, Pläne, Gefühle usw. ausdrückst.

Inhalt: ____ von 10 P

Sprache: ____ von 10 P

Erreichte Gesamtpunktzahl: ____ von 30 P

Lösungsvorschläge

Teil A: Zuhören

Hörtext 1

Kiara	Hallo Pauline, ich feiere nächste Woche meinen sechzehnten Geburtstag. Hast du Lust zu meiner Feier zu kommen?
Pauline	Ja, gerne. Wann ist das denn genau?
Kiara	Nächsten Freitag. Los geht es um 19 Uhr.
Pauline	Und wo feierst du?
Kiara	Wir gehen Bowlingspielen. Wir treffen uns direkt am Bowling-Center.
Pauline	Meinst du das neue Bowling-Center? Wo ist das denn?
Kiara	Das ist in der Reiterstraße 12.
Pauline	Ich habe noch nie Bowling gespielt. Meinst du, das ist ein Problem?
Kiara	Ach Quatsch. Wir spielen doch eh nur zum Spaß. Und nach ein paar Würfen wirst du sehen, dass es gar nicht so schwer ist. Einfach die Kugel auf die Kegel werfen und hoffen, dass welche umfallen.
Pauline	Na, dann bin ich mal guter Dinge. Muss ich dafür irgendetwas mitbringen?
Kiara	Am besten du ziehst dir etwas Bequemes und Sportliches an. Man kommt mit der Zeit nämlich schon ins Schwitzen. Bowlingschuhe kann man sich vor Ort leihen. Das Spiel bezahlen übrigens meine Eltern. Außerdem gibt es Getränke und ein paar Snacks.
Pauline	Alles klar. Wer kommt denn sonst noch so?
Kiara	Insgesamt sind wir zehn Leute. Du kennst alle. Außer meine Cousine. Die kennst du nicht. Aber ich glaube, mit ihr wirst du dich super verstehen. Sie spielt wie du gerne Gitarre.
Pauline	Super. Ich freu mich auf nächste Woche!

Aufgabe zu Hörtext 1

1. **am Freitag um 19 Uhr**

   Hinweis: *Kiara sagt im Hörtext: „Nächsten Freitag. Los geht es um 19 Uhr."*

2. **Bowling spielen**

   Hinweis: *Kiara sagt im Hörtext: „Wir gehen Bowlingspielen."*

3. **Reiterstraße 12**

   Hinweis: *Kiara sagt im Hörtext: „Wir treffen uns direkt am Bowling-Center. […] Das ist in der Reiterstraße 12.*

4. **Bowlingschuhe**

   Hinweis: *Kiara sagt im Hörtext: „Bowlingschuhe kann man sich vor Ort leihen."*

5. **zehn Leute**

   Hinweis: *Kiara sagt im Hörtext: „Insgesamt sind wir zehn Leute."*

Hörtext 2

Tom	Hallo Paolo, was machst du denn dieses Jahr an Silvester?
Paolo	Hallo Tom, ich denke, ich werde mit ein paar Freundinnen und Freunden feiern. Und du?
Tom	Ich feiere mit meiner Familie. Das hat bei uns Tradition. Wir essen Fondue, machen Bleigießen und um Mitternacht geht das große Feuerwerk los.
Paolo	Oh cool … Feuerwerk ist echt super. Ich liebe es! Was ist denn Bleigießen?
Tom	Früher hat man ein Stück Blei genommen, es auf einen Löffel gelegt und über einer Kerze zum Schmelzen gebracht. Dann hat man es in Wasser gegossen. Aus der Figur, die daraus entstanden ist, hat man die Zukunft gelesen. Heute funktioniert es noch genauso, außer dass man statt Blei Wachs nimmt – aus Umweltgründen.
Paolo	Das habe ich noch nie gemacht. Mein Vater kommt ja ursprünglich aus Italien. Dort ist es eine Tradition, an Silvester rote Unterwäsche zu tragen. Das soll Glück bringen.
Tom	Und machst du das heute immer noch?
Paolo	Ja, ich bin ein bisschen abergläubisch. Deshalb werde ich auch dieses Jahr an Silvester wieder meine rote Glücksunterhose anziehen. Richtig Stress haben ja die Leute in Spanien. Juan ist ein spanischer Freund von mir. Wenn um Mitternacht die Kirchenglocken läuten, müssen sie dort mit jedem Glockenschlag eine Traube essen. Also insgesamt zwölf. Wenn sie es nicht schaffen, dann kommt das Unglück über sie.
Tom	Ich habe mal gehört, dass man in Spanien, wenn man um Mitternacht – wahrscheinlich nach dem Traubenessen – mit einem Glas Sekt anstößt, einen goldenen Ring in das Glas geben soll. Auch das soll Glück bringen.

Paolo	Auf den Philippinen gibt es auch einen interessanten Silvesterbrauch. Die Kinder springen dort möglichst oft in die Luft. Dadurch sollen sie kräftig wachsen. Das stelle ich mir lustig vor. Außerdem gibt es dort auch eine Kleidertradition. Gepunktete Klamotten an Silvester sollen Glück bringen. Und man isst viel. Aber wo macht man das am letzten Tag des Jahres nicht?
Tom	Woher weißt du denn so viel über die Philippinen?
Paolo	Meine Tante wohnt dort. Sie hat das alles erst letzte Woche in einer Videokonferenz erzählt.
Tom	Ach cool … Na ja, dir einen guten Rutsch!
Paolo	Dir auch!

Aufgabe zu Hörtext 2

1. Bleigießen …
   - [x] wird heute nicht mehr mit Blei gemacht.
   - [ ] wurde in der Vergangenheit mit Wachs gemacht.
   - [ ] darf zukünftig gar nicht mehr gemacht werden.

   Hinweis: *Tom sagt im Hörtext: „Früher hat man ein Stück Blei genommen […]. Heute funktioniert es noch genauso, außer dass man statt Blei Wachs nimmt […].*

2. Paolo trägt zu Silvester eine rote Unterhose, weil …
   - [ ] er Italiener ist.
   - [x] er denkt, dass es Glück bringt.
   - [ ] sein Vater es so möchte.

   Hinweis: *Paolo sagt im Hörtext: „Dort ist es eine Tradition, an Silvester rote Unterwäsche zu tragen. Das soll Glück bringen."*

3. In Spanien isst man an Silvester um Mitternacht …
   - [ ] in der Kirche zum Läuten der Kirchenglocken zwölf Trauben.
   - [ ] mit einem Freund in einer Kirche zwölf Trauben.
   - [x] mit den zwölf Glockenschlägen jeweils eine Traube.

   Hinweis: *Paolo sagt im Hörtext: „Richtig Stress haben ja die Leute in Spanien. […] Wenn um Mitternacht die Kirchenglocken läuten, müssen sie dort mit jedem Glockenschlag eine Traube essen."*

4. In Spanien …
   - [ ] schenken sich die Menschen an Silvester goldene Ringe.
   - [x] trinkt man an Silvester aus einem Glas, in dem ein goldener Ring ist.
   - [ ] gibt man an Silvester Trauben und einen goldenen Ring in ein Glas.

   Hinweis: *Tom sagt im Hörtext: „Ich habe mal gehört, dass man in Spanien, wenn man um Mitternacht […] mit einem Glas Sekt anstößt, einen goldenen Ring in das Glas geben soll."*

5. Auf den Philippinen springen die Kinder an Silvester oft in die Luft, damit sie …
   - [x] größer werden.
   - [ ] Glück im neuen Jahr haben.
   - [ ] genug Essen haben werden.

   Hinweis: *Paolo sagt im Hörtext: „Auf den Philippinen gibt es auch einen interessanten Silvesterbrauch. Die Kinder springen dort möglichst oft in die Luft. Dadurch sollen sie kräftig wachsen."*

Hörtext 3

Frau Müller	Wisst ihr eigentlich, dass die ganzen Böller und das Feuerwerk an Silvester echt große Probleme mit sich bringen?
Schüler	Ach quatsch, Frau Müller. Das bisschen Feuerwerk ist doch einfach nur witzig, wenn man aufpasst …
Frau Müller	Na ja, ein großes Problem ist der Feinstaub. Wenn Böller explodieren, dann setzen sie winzig kleine Staubteile frei. Das sind an Silvester bis zu 1 000 Mikrogramm pro Kubikmeter. Das liegt 20-fach über dem Grenzwert. Nur an Silvester wird so viel Feinstaub in die Luft geblasen wie 15 % aller Autos in Deutschland pro Jahr freisetzen.
Schülerin	Und wenn schon? Das bisschen Feinstaub … Was ist denn daran das Problem?
Frau Müller	Das kann zu gesundheitlichen Problemen für Menschen mit Vorerkrankungen führen. Zum Beispiel für Leute mit Asthma oder Herz-Kreislauf-Erkrankungen. Außerdem geht es nicht nur um Menschen, sondern auch um die Tiere. Der Lärm, der an Silvester durch Feuerwerk entsteht, ist ein großes Problem für Vögel. Sie verlassen fluchtartig ihre Nistplätze. Aber auch für Hunde und Katzen führen die lauten Geräusche zu Stress.
Schülerin	Ja, mein Hund hat immer richtig Angst, wenn das Feuerwerk an Silvester losgeht.
Frau Müller	Und nicht zu vergessen: der Müll. In den fünf größten Städten in Deutschland sind es allein 191 Tonnen. Vor allem entsteht Abfall aus Plastik,

	Holz und Pappe. Außerdem werden die Chemikalien der Feuerwerkskörper durch Regen weggespült und kommen so über den Boden ins Trinkwasser. Das ist schlecht für die Natur und den Menschen.
Schüler	Hört sich alles nicht gut an … Aber was will man machen? Man kann es ja schlecht verbieten …
Frau Müller	Doch, manche Städte haben es zum Beispiel schon verboten, dass in Innenstädten Feuerwerk gezündet wird.

Aufgabe zu Hörtext 3

Ein Problem, das durch (0) **Böller** entsteht, ist der Feinstaub. Am letzten Tag des Jahres sind das 1 000 Mikrogramm pro Kubikmeter. Das sind 15 Prozent von dem, was die (1) **Autos** in Deutschland pro Jahr in die Luft blasen. Feinstaub ist vor allem ein Problem für Menschen mit (2) **Asthma** und Herz-Kreislauf-Erkrankungen. Für die Tiere ist vor allem der (3) **Lärm** ein Problem. Bei ihnen löst das einen Fluchtreflex und Stress aus. Auch der Müll, der durch Feuerwerk entsteht, ist ein Problem. In den fünf größten deutschen Städten entstehen jedes Jahr an Silvester (4) **191** Tonnen. Ein Problem dabei sind die Chemikalien, die durch die Böden ins (5) **Trinkwasser** gelangen.

Hinweis: *Im Hörtext wird gesagt:*
(1) „Nur an Silvester wird so viel Feinstaub in die Luft geblasen wie 15 % aller Autos in Deutschland pro Jahr freisetzen."
(2) „Das kann zu gesundheitlichen Problemen für Menschen mit Vorerkrankungen führen. Zum Beispiel für Leute mit Asthma oder Herz-Kreislauf-Erkrankungen."
(3) „Außerdem geht es nicht nur um Menschen, sondern auch um die Tiere. Der Lärm, der an Silvester durch Feuerwerk entsteht, ist ein großes Problem für Vögel."
(4) „Und nicht zu vergessen: der Müll. In den fünf größten Städten in Deutschland sind es allein 191 Tonnen."
(5) „Außerdem werden die Chemikalien der Feuerwerkskörper durch Regen weggespült und kommen so über den Boden ins Trinkwasser."

Teil B: Sprachgebrauch

Sprachbetrachtung

1. In Deutschland (0) **feiert** (Feier) man Weihnachten am 24. Dezember. Am Abend isst man zuerst gemeinsam mit der (1) **Familie** (familiär) zu Abend. Dann gibt es die (2) **Geschenke** (schenken). Unter dem Weihnachtsbaum liegen ganz viele Päckchen, über die sich vor allem die Kinder (3) **freuen** (Freude). Am ersten und zweiten Weihnachtsfeiertag besucht man oft die (4) **Verwandtschaft/Verwandten** (verwandt).

   ***Hinweis:** Überlege bei jeder Lücke zunächst, zu welcher Wortart das gesuchte Wort gehören sollte. Steht beispielsweise ein Artikel (Begleiter) vor der Lücke, deutet das häufig darauf hin, dass ein Nomen oder Adjektiv gefragt ist. Auch die Stellung der Lücke im Satz kann dir einen Hinweis auf die gefragte Wortart geben. Das erforderliche Wort muss mit dem Wort in Klammern verwandt sein. Das bedeutet, dass es den gleichen Wortstamm haben soll.*

2. **Ein Weihnachtsgeschenk für den Bruder**
   In wenigen Tagen ist Weihnachten und Hanna möchte für ihren kleinen Bruder ein Geschenk kaufen. Sie geht in ein Kaufhaus und <u>fragt</u> (0) **nach** der Computerabteilung. Dort <u>informiert</u> sie sich (1) **über** aktuelle Spieletrends. Sie <u>vertraut</u> (2) **auf** den Rat des Verkäufers und nimmt das neueste Autorennspiel. An Heiligabend <u>freut</u> sich ihr Bruder wahnsinnig (3) **über** das Spiel. Er <u>bedankt</u> sich (4) **bei** seiner Schwester. Er ruft sofort seinen besten Freund an und <u>erzählt</u> ihm (5) **von** dem neuen Game. Den Rest des Abends <u>beschäftigt</u> er sich nur (6) **mit** der Spielekonsole.

   ***Hinweis:** Die hier gesuchten Präpositionen hängen mit den unterstrichenen Verben zusammen und werden von diesen verlangt. Manchmal lässt ein Verb auch mehrere Präpositionen zu, z. B. „sich freuen auf" oder „sich freuen über". Dann musst du auf den Kontext achten. Präpositionen wie „auf" oder „nach" haben in diesen Fällen aber keine räumliche Bedeutung.*

3. (1) Simone schenkt Ayse zum Geburtstag ein Buch, **weil Lesen ein Hobby von ihr ist**.

   (2) Lorenz kommt auch zur Party von Ayse, **obwohl er an diesem Tag etwas anderes geplant hatte**.

   (3) Ceyda fragt sich, **ob Ayse sie zu ihrem Geburtstag einlädt**.

   ***Hinweis:** Hier sollst du die Nebensätze sinnvoll ergänzen. Denke daran, dass in Nebensätzen das gebeugte (konjugierte) Verb ganz am Ende steht. Im ersten Satz solltest du die Konjunktion „weil" verwenden, da es sich um eine Begründung handelt. Die Konjunktion „obwohl" drückt im zweiten Satz einen Widerspruch aus. Das Verb „fragen" deutet im dritten Satz darauf hin, dass du die Konjunktion „ob" verwenden musst.*

4. Da Ayse bald Geburtstag hat(,) macht sich ihre Mutter Gedanken über ein Geschenk(.) Die Mutter fragt Ayse: („) Was wünschst du dir zum Geburtstag(?)(")

   ***Hinweis:** Für jedes richtig gesetzte Satzzeichen bekommst du einen halben Punkt. Die Anführungszeichen (oben **und** unten) zählen als ein Satzzeichen.*

Rechtschreiben

5. Während in Deutschland das (0) *Neue*/*neue* Jahr stets am 1. Januar begrüßt wird, feiert man in China Neujahr zwischen dem 21. Januar und dem 20. Februar. Das hängt (1) *davon*/*da von* ab, was der (2) *Mondkalender*/*Mond Kalender* sagt. Es ist das wichtigste Fest der Chinesen, (3) *beidem*/*bei dem* Häuser und Straßen mit roten (4) *Glücksbringern*/*Glücks Bringern* geschmückt werden. Traditionell treffen sich die Familien zu einem großen (5) *Essen*/*essen*. Beim (6) *Schenken*/*schenken* greift man häufig auf rote Umschläge zurück, in denen sich Geld befindet.

   Hinweis: *Das Adjektiv „neue" wird kleingeschrieben. „Davon" kündigt den folgenden Nebensatz an und wird zusammengeschrieben. „Mondkalender" und „Glückbringern" sind Komposita und werden zusammengeschrieben. „Bei dem" hat hier nichts mit dem Begleiter „beide" zu tun, sondern leitet einen Relativsatz ein, der sich auf „Fest" bezieht. Das „Essen" ist hier ein Nomen und wird großgeschrieben, genauso wie „Schenken", das hier wie ein Nomen benutzt wird.*

6. In Deutschland feiert man in den ersten Monaten des Jahres gerne Fasching. Dabei **verkleiden** sich die Menschen und tragen Kostüme. Beliebt sind Tiere, zum Beispiel Katze, **Hund** oder Maus. In vielen Städten gibt es **Umzüge**, bei denen die Leute verkleidet sind, durch die **Straßen** laufen und Süßigkeiten **verteilt** werden.

   Hinweis: *Diese Rechtschreibstrategien helfen dir dabei, die Wörter richtig zu schreiben:*
   Hund: Ich bilde den Plural (die Hunde). So hört man, dass das Wort auf „d" endet.
   Umzüge: Ich suche eine verwandtes Wort (der Zug). Ich schreibe also kein „h".
   Straßen: Ich achte auf die Vokallänge. Nach einem langen Vokal folgt niemals ein Doppel-s.
   verteilt: Ich suche ein verwandtes Wort, z. B. teilen oder der Teil. So sehe ich, dass ich „ei" schreiben muss.

Teil C: Lesen

1. ***Hinweis:*** *In den folgenden Zeilen kannst du der Reihe nach überprüfen, ob die Aussagen richtig oder falsch sind: Z. 5/6, Z. 8/9, Z. 14/15, Z. 22/23, Z. 29/30, Z. 30/31*

	richtig	falsch
Natalie fährt am Anfang der Ferien mit ihren Eltern in den Urlaub.	☒	☐
Tatjanas Onkel ist an ihrer Geburtstagsfeier anwesend.	☒	☐
Der Erzähler kennt Tatjanas Onkel.	☐	☒
Natalie will Tatjana ein Halsband schenken.	☐	☒
Tatjana mag die Musik von Beyoncé.	☒	☐
Der Erzähler fand die Musik von Beyoncé schon immer super.	☐	☒

2. ***Hinweis:*** *Du solltest zuerst die Aussagen in der rechten Spalte lesen. Anschließend liest du die einzelnen Textabschnitte noch einmal und ordnest jedem davon die passende Aussage zu.*

1	2	3	4	5	6
e	**g**	**c**	**a**	**d**	**h**

Hinweis: *Aussage f bleibt übrig.*

3. ***Hinweis:*** *Du kannst alle Informationen, die du im Text zu Tatjana findest, in das Cluster eintragen, z. B. Informationen über ihre Person, ihre Freunde, ihre Hobbys oder ihre Familie. Wichtig ist, dass du nichts erfindest. Alles, was du im Cluster notierst, muss auch im Text stehen.*

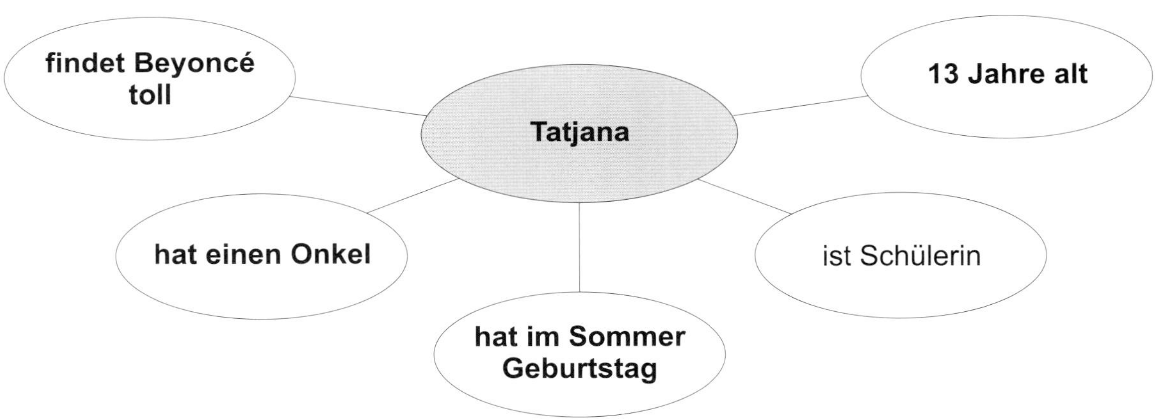

4. ***Hinweis:*** *Lies die ersten beiden Absätze (Z. 1–10) noch einmal. Darin findest du die Informationen zu dieser Frage.*

Wann? **am zweiten Tag der Sommerferien**
Wo? **im Haus ihres Onkels/in Werder bei Potsdam**
Mit wem? **mit Freunden, Mitschülerinnen, Mitschülern und ihrem Onkel**

5. ✎ ***Hinweis:*** *Lies noch einmal Z. 11–17 und prüfe genau, welche Informationen nicht stimmen.*

   Tatjanas Geburtstagsparty ist ein **großes** Thema in der Schule. Der Erzähler macht sich Gedanken über die Feier, die im Haus von Tatjanas Onkel stattfinden soll. Er denkt, dass der Onkel ein **interessanter** Mann ist. Der Erzähler hat **große** Lust den Onkel kennenzulernen. Er denkt dabei an Gespräche mit ihm im Wohnzimmer des Hauses.

6. ✎ ***Hinweis:*** *„Endlos" ist ein anderer Ausdruck für „ohne Ende". Eine „Endlosschleife" bedeutet also, dass etwas nie abbricht, sondern immer weitergeht.*

   ☐ Ich habe die CD beim Anhören als Geschenk verpackt.
   ☒ Ich habe die CD immer wieder angehört.
   ☐ Ich hatte irgendwann keine Lust mehr auf die CD.

7. ✎ ***Hinweis:*** *Um das Geschenk für Tatjana geht es erst im zweiten Teil des Textes ab Z. 17.*

   „[…] ich war natürlich wie elektrisiert von dieser Geschenkidee und dachte selbst über nichts anderes mehr nach als darüber, was ich Tatjana zum Geburtstag schenken könnte."
   Zeilen 20–22
   „[…] während ich an Tatjana dachte und daran, mit was für einem Geschenk ich auf dieser Party auflaufen wollte. […] Ich wollte ihr irgendwas Besonderes schenken, aber mir fiel nichts ein, und erst als dieser Zettel zum Ankreuzen bei mir vorbeikam, da fiel es mir ein."
   Zeilen 35–40

Teil D: Schreiben

Aufgabengruppe A

1. a) ✎ ***Hinweis:*** *Auf diesem Bild sind nicht viele Gegenstände zu sehen. Du musst trotzdem genau beschreiben, was du siehst. Gehe auch auf den Gesichtsausdruck des Jungen ein: Wirkt er eher glücklich oder traurig?*

   Auf dem Foto sieht man einen Jungen, der traurig auf einen kleinen Kuchen schaut, auf dem eine brennende Kerze steckt. Rechts im Hintergrund sieht man einen einzigen Luftballon. Es ist also wahrscheinlich der Geburtstag des Jungen.

   b) ✎ ***Hinweis:*** *Vergleiche den Geburtstag des Jungen mit der geplanten Party von Tatjana, die im Text beschrieben wird. Welche Gemeinsamkeiten bzw. Unterschiede werden deutlich?*

   Sowohl auf dem Bild als auch im Text geht es um einen Geburtstag. Diese unterscheiden sich jedoch deutlich voneinander. Während Tatjana eine große Party mit ihren Freunden plant, ist der Junge auf dem Bild ganz alleine. Tatjana freut sich sehr auf die Feier und wird vermutlich viel Spaß haben. Der Junge hingegen sieht unglücklich und traurig aus.

   c) ✎ ***Hinweis:*** *Du sollst hier deine persönliche Meinung erläutern: Wie feierst du deinen Geburtstag lieber? Wichtig ist, dass auch deutlich wird, warum du diese Meinung vertrittst. Wenn du deinen Geburtstag normalerweise nicht feierst, kannst du dir etwas ausdenken.*

   Ich feiere lieber eine große Party mit meinen Freunden. Ein Grund dafür ist, dass ich dann einfach mehr Spaß habe, weil wir alle gleich alt sind und zusammen Musik hören, uns unterhalten und tanzen können. Ein anderer Grund ist, dass ich mit meiner Familie jeden Tag zusammen bin. Da ist es also nichts Besonderes, wenn wir auch meinen Geburtstag gemeinsam verbringen.

2. ✎ ***Hinweis:*** *Welche Feste hast du in deinem Leben schon gefeiert? Denke an Familienfeste, religiöse Feiern, Schulfeste oder Partys mit deinen Freunden. Wähle ein Fest aus und beschreibe, warum es besonders schön war. Du kannst auch über ein Fest schreiben, das du in der Zukunft gerne einmal feiern möchtest. Vielleicht hast du genaue Vorstellungen davon, wie deine Hochzeitsfeier sein soll oder wie du deinen nächsten Geburtstag feiern willst. Dein Text muss inhaltlich stimmig und zusammenhängend sein. Wenn du fertig bist, solltest du den Text noch einmal durchlesen und besonders auf Rechtschreibfehler achten.*

   Mein schönstes Fest

   Ich hatte in meinem Leben schon viele schöne Feiern, aber besonders schön war im letzten Jahr das Schulfest.

   Zunächst haben wir das Fest alle zusammen vorbereitet. Meine Klasse war für die Kuchen zuständig. Deshalb haben wir uns am Tag vor dem Fest in der Schulküche getroffen und gemeinsam gebacken. Jeder hatte eine Aufgabe und am Ende haben wir die Kuchen noch alle zusammen schön verziert. Das Backen hat großen Spaß gemacht. Während des Schulfestes haben wir die Kuchen dann verkauft.

Das ganze Fest war ein voller Erfolg. Am Abend bin ich noch gemeinsam mit meinen Mitschülern zum Konzert der Schulband in die Turnhalle gegangen. Die Halle war toll dekoriert: Überall hingen Girlanden und bunte Luftballons. Die Musik der Band war richtig gut und alle haben angefangen zu tanzen. Das war ein toller Tag. Ich habe neue Leute kennengelernt und hatte viel Spaß.
Das Schulfest mit meiner Klasse war wie ein schöner Tag mit einer zweiten Familie.

(156 Wörter)

Aufgabengruppe B

1. a) ***Hinweis:*** *Beschreibe nicht nur, worum es in der Abbildung geht, sondern gehe auch auf die Angaben unterhalb der Statistik ein.*

   Für diese Statistik wurden 1 015 volljährige Menschen in Deutschland im Dezember 2019 befragt. Sie wurde von „Statista" veröffentlicht und gibt an, wie viel Prozent der Befragten Vorsätze für das Jahr 2020 haben und welche das sind.

   b) ***Hinweis:*** *Verwende bei dieser Aufgabe Wortschatz zur Beschreibung von Statistiken, z. B. „Mehr als die Hälfte der Befragten möchte …".*

   Mehr als die Hälfte der Befragten möchte 2020 mehr Sport treiben.
   Nur 15 % der Befragten möchten im Jahr 2020 abnehmen.

   c) ***Hinweis:*** *Überlege, in welchem Bereich du in deinem Leben etwas besser machen könntest. Du kannst dich dabei auch an den Ideen aus der Statistik orientieren.*

   Im nächsten Jahr würde ich gerne mehr Sport treiben. Ich gehe zwar schon einmal pro Woche Laufen, aber ich würde gerne Fußball in einem Verein spielen. So könnte ich noch mehr für meine Fitness tun und gleichzeitig neue Leute kennenlernen. Außerdem hätte ich eine sinnvolle Freizeitbeschäftigung und würde weniger Zeit am Smartphone verbringen.

2. ***Hinweis:*** *Überlege, was du nach dem Schulabschluss machen möchtest. Eine Berufsausbildung? Weiter zur Schule gehen? Wie stellst du dir dein Privatleben in fünf Jahren vor?*

   Mein Leben in fünf Jahren

   Ich denke, mein Leben in fünf Jahren wird ganz anders aussehen als mein jetziges Leben. Nach dem Abschluss werde ich eine Lehre zum KFZ-Mechatroniker machen. In fünf Jahren werde ich diese abgeschlossen haben und in einer Werkstatt arbeiten. Ich hoffe dann, dass ich genug Geld verdiene, um meinen Lebensunterhalt selbst bezahlen zu können.
   Mit diesem Geld werde ich mir hoffentlich eine Wohnung leisten können. Ich würde gerne in der Innenstadt wohnen, wo viel los ist und ich schnell unter Leuten bin. Vielleicht lebe ich ja auch mit meiner Freundin zusammen.
   Einmal pro Jahr möchte ich in den Urlaub fahren. Am liebsten würde ich im Sommer zwei oder drei Wochen in der Sonne verbringen. Ich könnte mir zum Beispiel vorstellen, regelmäßig nach Spanien oder in die Türkei zu fahren.
   Außerdem hoffe ich, dass ich und meine Familie gesund sind. Ich denke, ich werde meine Eltern und meine Geschwister oft sehen und wir treffen uns einmal pro Woche zu einem großen Essen.

   (160 Wörter)

Teil A: Zuhören

Aufgabe zu Hörtext 1

Ling und Victor sind auf dem Schulhof. Dort findet Ling ein vierblättriges Kleeblatt, das sie für einen Glücksbringer hält.
Nun unterhalten sie sich über verschiedene Glückssymbole.

Wer glaubt woran?
Höre dir das Gespräch an und ordne die Glückssymbole (A–H) den Personen (1–5) zu.
Ein Symbol (d) ist bereits zugeordnet. Zwei Symbole bleiben übrig.

a	dreifarbige Katze
b	Marienkäfer aus Schokolade
c	Glückscent
d	**Glücksklee**
e	Glückskeks
f	Schweinchen aus Marzipan
g	Fatimas Auge
h	winkende Katze

0	Ling	**d**	
1	Lings Mutter		____ von 1 P
2	Lings Schwester		____ von 1 P
3	Victor		____ von 1 P
4	Victors Mutter		____ von 1 P
5	Victors Oma		____ von 1 P

____ **von 5 P**

Aufgabe zu Hörtext 2

In einem Podcast mit dem Glücksforscher Professor Dr. Eisenhufner geht es um das Thema Glück.

Um welche wesentlichen Aussagen geht es in dem Podcast? Höre genau zu und kreuze die richtige Antwort an.
Beachte das Beispiel (0).

(0) Wenn man oft glücklich ist, …

- ☐ baut man Stress schneller ab.
- ☒ empfindet man Stress als nicht so intensiv.
- ☐ lebt man stressfrei.

(1) Glück …

- ☐ bedeutet für alle das Gleiche.
- ☐ ist etwas sehr Individuelles.
- ☐ kann lange anhalten. ____ von 1 P

(2) In einigen Ländern sind die Menschen besonders glücklich, weil sie …

- ☐ wenig Stress haben.
- ☐ sich nicht um Politik kümmern.
- ☐ keine Geldsorgen haben. ____ von 1 P

(3) Glücksgefühle entstehen in …

- ☐ unserer Seele.
- ☐ unserem Kopf.
- ☐ unserem Bauch. ____ von 1 P

(4) Die Forschung hat herausgefunden, dass sich Glücksgefühle mit der Zeit …

- ☐ reduzieren.
- ☐ ändern.
- ☐ verbessern. ____ von 1 P

(5) Eine Person „hat Glück gehabt“ bedeutet, dass …

- ☐ sie etwas gut geplant hat.
- ☐ sie glücklich ist.
- ☐ ihr zufällig etwas Positives geschehen ist. ____ von 1 P

____ **von 5 P**

Aufgabe zu Hörtext 3

Jasmin und Ivan sind zu Gast in einem Jugendzentrum. Dort interviewen sie die Leiterin, Frau Maier. Sie hat im Jugendzentrum den Workshop „Glücksschmiede" eingeführt.

Höre genau zu. Wähle aus den Aussagen (1–10) die fünf richtigen aus und kreuze sie an. Beachte das Beispiel (0).

(0)	Jasmin meint, dass 12- bis 16-Jährige im Jugendzentrum in der Regel nichts Anstrengendes tun wollen.	☒
(1)	Der Workshop „Glücksschmiede" wurde eingeführt, weil es die Jugendlichen im Jugendzentrum vorgeschlagen haben.	☐
(2)	Man kann selbst dafür sorgen, ein glückliches Leben zu führen.	☐
(3)	In diesem Workshop diskutieren die Jugendlichen darüber, wie man gut lernt.	☐
(4)	Die Jugendlichen lernen hier, wie man sich bei seinen Mitmenschen beliebt macht.	☐
(5)	Die Jugendlichen lernen, sich so anzunehmen, wie sie sind.	☐
(6)	In dem Workshop geht es vor allem um die Auseinandersetzung mit den eigenen Bedürfnissen, Fähigkeiten und Wünschen.	☐
(7)	Menschen, die wissen, was sie wollen, und dies auch umsetzen, sind meist glücklich.	☐
(8)	In der Wirklichkeit läuft meist alles so ab, wie wir uns das wünschen.	☐
(9)	Fehler können uns dabei helfen, etwas zu verbessern.	☐
(10)	Das Jugendzentrum von Frau Maier ist das einzige, in dem ein Workshop zu dem Thema stattfindet.	☐

____ **von 5 P**

Erreichte Gesamtpunktzahl: ____ von 15 P

Teil B: Sprachgebrauch

Sprachbetrachtung

1. Bilde **zwei** Komposita mit dem Wort „Glück". Schreibe den passenden Artikel dazu.

Glück-

-glück

____

____

____ von 2 P

2. Ergänze jeweils die Präposition, die zu dem unterstrichenen Verb passt. Eine Präposition (0) ist bereits eingetragen.

Interview zum „Weltglückstag"

Pünktlich zum Weltglückstag, der jedes Jahr am 20. März begangen wird, interviewten drei Studierende aus München einen Forscher (0) **zu** seinen Gedanken zum Thema Glück. Die drei jungen Leute bereiten sich gründlich (1) __________ ihre Reise in die Schweiz vor. Dort unterhielten sie sich an der Universität Genf (2) __________ dem langjährigen Glücksforscher Dr. Tho aus Asien. Die Studierenden erkundigten sich bei dem Wissenschaftler (3) __________ seinem aktuellen Forschungsprojekt. Sie warteten nicht lange (4) __________ seine Antwort: „Ich träume (5) __________ einer Welt des nationalen Glücks!" Die Studierenden bedankten sich bei Dr. Tho (6) __________ das interessante Interview.

____ von 3 P

3. Wähle passende Konjunktionen aus dem Kasten aus und ergänze die Sätze im Text sinnvoll.

nachdem • wenn • oder • trotzdem • und • obwohl • ~~weil~~ • denn

Manche Menschen brauchen nicht viel, um zufrieden zu sein.

(0) Ahmed beispielsweise ist glücklich, **weil er jeden Tag mit seinem Hund an der frischen Luft laufen kann.**
(an der frischen Luft – mit seinem Hund – er – jeden Tag – laufen können)

(1) Sabine lebt zufrieden, ______________________________

____
(zur Verfügung haben – sie – wenig Geld – im Monat)

(2) Irina hat zwar im Gegensatz zu Sabine viel Geld, ______________________________

____
(wichtiger – gute Freunde – sein – ihr – als Reichtum)

(3) Ahmeds Vater meint, dass man dann zufrieden ist, ______________________________

____

(sich entschieden – für einen interessanten Beruf – man – nach dem Schulabschluss)

Alle sind sich einig, dass genügend Geld für das Lebensnotwendige wichtig ist.

____ von 3 P

4. Setze die fehlenden Satzzeichen ein.

Wenn Antonio einen Wunsch frei hätte würde er sich Frieden für die Welt wünschen Antonio fragt Elias: Was würdest du dir wünschen

____ von 2 P

Rechtschreiben

Prüflinge mit anerkannter <u>Rechtschreibstörung</u>, die Notenschutz gemäß § 34 BaySchO beanspruchen, bearbeiten die Aufgaben aus Teil B Sprachgebrauch – Rechtschreiben nicht.

5. Groß oder klein, getrennt oder zusammen? Unterstreiche die richtige(n) Schreibweise(n). Beachte das Beispiel (0).

Der bekannte (0) *<u>Glücksforscher</u>/Glücks Forscher* erklärt (1) *anhand/Anhand* seiner Ergebnisse, wann ein Lottogewinn glücklich machen kann. Die Forschung zeigt (2) *folgendes/Folgendes* ganz deutlich: (3) *es/Es* kommt in jedem Fall darauf an, (4) *wofür/wo für* man eine große Menge Geld verwendet. Wir wissen, dass (5) *Schenken/schenken* zu den verschiedensten Anlässen, aber auch großzügiges (6) *spenden/Spenden* eng mit Glück verbunden ist.

____ von 3 P

6. Lies den Text und korrigiere ihn.
Streiche dazu die <u>vier</u> falsch geschriebenen Wörter durch und schreibe sie wie im Beispiel richtig auf die Zeile darüber.

Jahr

Im ~~Jar~~ 2021 findet in Hamburg ein Forscherkongress statt. Bei dem Kongress treffen sich

____

internazionale Experten, um über das Thema Glück zu diskutieren. Sie äussern sich zu der

____

Frage, was die Menscheit wissen muss, um glücklich leben und Leit überwinden zu können.

____ von 2 P

Erreichte Gesamtpunktzahl: ____ von 15 P

Teil C: Lesen

Das Märchen vom Glück

Siebzig war er gut und gerne, der alte Mann, der mir in der verräucherten Kneipe gegenübersaß. Sein Schopf sah aus, als habe es darauf geschneit, und die Augen blitzten [...]. „Oh, sind die Menschen dumm“, sagte er und schüttelte den Kopf, dass ich dachte, gleich müssten Schneeflocken aus seinem Haar aufwirbeln. „Das Glück ist ja schließlich keine Dauerwurst, von der man sich täglich seine Scheibe herunterschneiden kann!“

„Stimmt“, meinte ich, „das Glück hat ganz und gar nichts Geräuchertes an sich. Obwohl ...“

„Obwohl?“ „Obwohl gerade Sie aussehen, als hinge bei Ihnen zu Hause der Schinken des Glücks im Rauchfang.[1]“ „Ich bin eine Ausnahme“, sagte er und trank einen Schluck. „Ich bin die Ausnahme. Ich bin nämlich der Mann, der einen Wunsch frei hat.“

Er blickte mir prüfend ins Gesicht, und dann erzählte er seine Geschichte: „Das ist lange her“, begann er und stützte den Kopf in beide Hände, „sehr lange. Vierzig Jahre. Ich war noch jung und litt am Leben[2] [...]. Da setzte sich, als ich eines Mittags verbittert[3] auf einer grünen Parkbank hockte, ein alter Mann neben mich und sagte beiläufig: ‚Also gut, wir haben es uns überlegt. Du hast drei Wünsche frei.‘ Ich starrte in meine Zeitung und tat, als hätte ich nichts gehört. ‚Wünsch dir, was du willst‘, fuhr er fort, ‚die schönste Frau oder das meiste Geld oder den größten Schnurrbart – das ist deine Sache. Aber werde endlich glücklich! Deine Unzufriedenheit geht uns auf die Nerven.‘ Er sah aus wie der Weihnachtsmann in Zivil. Weißer Vollbart, rote Apfelbäckchen, Augenbrauen wie aus Christbaumwatte. Gar nichts Verrücktes. Vielleicht ein bisschen zu gutmütig. Nachdem ich ihn eingehend betrachtet hatte, starrte ich wieder in meine Zeitung. ‚Obwohl es uns nichts angeht, was du mit deinen drei Wünschen machst‘, sagte er, ‚wäre es natürlich kein Fehler, wenn du dir die Angelegenheit vorher genau überlegtest. Denn drei Wünsche sind nicht vier Wünsche oder fünf, sondern drei. Und wenn du hinterher noch immer neidisch und unglücklich wärst, könnten wir dir und uns nicht mehr helfen.‘“ „Ich weiß nicht, ob Sie sich in meine Lage versetzen können. Ich saß auf einer Bank und haderte[4] mit Gott und der Welt. In der Ferne klingelten die Straßenbahnen. [...] Und neben mir saß nun dieser alte Quatschkopf!“

„Sie wurden wütend?“

„Ich wurde wütend. [...] Und als er sein weiß wattiertes Großvatermündchen von Neuem aufmachen wollte, stieß ich zornzitternd hervor: ‚Damit Sie alter Esel mich nicht länger duzen, nehme ich mir die Freiheit, meinen ersten und innigsten Wunsch auszusprechen – scheren Sie sich zum Teufel![5]‘ Das war nicht fein und höflich, aber ich konnte einfach nicht anders. Es hätte mich sonst zerrissen.“

„Und?“

„Was ‚Und‘?“

„War er weg?“

„Ach so! – Natürlich war er weg! Wie fortgeweht. In der gleichen Sekunde. [...] Ich guckte sogar unter die Bank. Aber dort war er auch nicht. Mir wurde ganz übel vor lauter Schreck.

Die Sache mit den Wünschen schien zu stimmen. Und der erste Wunsch hatte sich bereits erfüllt! Du meine Güte! Und wenn er sich erfüllt hatte, dann war der gute, liebe, brave Großpapa, wer er nun auch sein mochte, nicht nur weg, nicht von meiner Bank verschwunden, nein, dann war er beim Teufel! Dann war er in der Hölle. ‚Sei nicht albern', sagte ich zu mir selber. ‚Die Hölle gibt es ja gar nicht und den Teufel auch nicht.' Aber die drei Wünsche, gab's denn die? Und trotzdem war der alte Mann, kaum hatte ich's gewünscht, verschwunden ... Mir wurde heiß und kalt. Mir schlotterten die Knie. Was sollte ich machen? Der alte Mann musste wieder her, ob's nun eine Hölle gab oder nicht. Das war ich ihm schuldig. Ich musste meinen zweiten Wunsch dransetzen, den zweiten von dreien, o ich Ochse! Oder sollte ich ihn lassen, wo er war? [...] Mir blieb keine Wahl. Ich schloss die Augen und flüsterte ängstlich: ‚Ich wünsche mir, dass der alte Mann wieder neben mir sitzt!' Wissen Sie, ich habe mir jahrelang, bis in den Traum hinein, die bittersten Vorwürfe gemacht, dass ich den zweiten Wunsch auf diese Weise verschleudert habe, doch ich sah damals keinen Ausweg. Es gab ja keinen ..."

„Und?"

„Was ‚Und'?"

„War er wieder da?"

„Ach so! – Natürlich war er wieder da! In der nächsten Sekunde. Er saß wieder neben mir, als wäre er nie fortgewünscht gewesen. Das heißt, man sah's ihm schon an, dass er ... dass er irgendwo gewesen war, [...] wo es sehr heiß sein musste. O ja. Die buschigen, weißen Augenbrauen waren ein bisschen verbrannt. Und der schöne Vollbart hatte auch etwas gelitten. Besonders an den Rändern. [...] Er blickte mich vorwurfsvoll an. [...] und sagte gekränkt: ‚Hören Sie, junger Mann – fein war das nicht von Ihnen!' Ich stotterte eine Entschuldigung. Wie leid es mir täte. Ich hätte doch nicht an die drei Wünsche geglaubt. Und außerdem hätte ich immerhin versucht, den Schaden wieder gutzumachen. ‚Das ist richtig', meinte er. ‚Es wurde aber auch höchste Zeit.' Dann lächelte er. Er lächelte so freundlich, dass mir fast die Tränen kamen. ‚Nun haben Sie nur noch einen Wunsch frei', sagte er. ‚Den dritten. Mit ihm gehen Sie hoffentlich ein bisschen vorsichtiger um. Versprechen Sie mir das?' Ich nickte und schluckte. ‚Ja', antwortete ich dann, ‚aber nur, wenn Sie mich wieder duzen.' Da musste er lachen. ‚Gut, mein Junge', sagte er und gab mir die Hand. ‚Leb wohl. Sei nicht allzu unglücklich und gib auf deinen letzten Wunsch Acht.' – ‚Ich verspreche es Ihnen', erwiderte ich feierlich. Doch er war schon weg. [...]"

„Und?"

„Was ‚Und'?"

„Seitdem sind Sie glücklich?"

„Ach so. Glücklich?" Mein Nachbar stand auf, nahm Hut und Mantel [...], sah mich mit seinen blitzblanken Augen an und sagte: „Den letzten Wunsch habe ich vierzig Jahre lang nicht angerührt. Manchmal war ich nahe dran. Aber nein. Wünsche sind nur gut, solange man sie noch vor sich hat. Leben Sie wohl."

Ich sah vom Fenster aus, wie er über die Straße ging. Die Schneeflocken umtanzten ihn. Und er hatte ganz vergessen, mir zu sagen, ob wenigstens er glücklich sei. Oder hatte er mir absichtlich nicht geantwortet? Das ist natürlich auch möglich.

Quelle: Kästner, Erich: Das Märchen vom Glück, aus: Der tägliche Kram © Atrium Verlag AG, Zürich 1948, zu Prüfungszwecken gekürzt.

1 „... als hinge bei Ihnen zu Hause der Schinken des Glücks im Rauchfang.“: ... als hätten Sie besonders viel Glück.
2 am Leben leiden: große Probleme und Enttäuschungen im eigenen Leben erfahren
3 verbittert: wegen vieler Enttäuschungen unzufrieden und unfreundlich sein
4 hadern: über etwas dauernd unzufrieden sein und darüber jammern
5 sich zum Teufel scheren: jemandem auf unhöfliche Weise sagen, dass man ihn nicht mehr sehen will

Arbeitsaufträge

1. Ordne die Aussagen (a–h) den Textabschnitten (1–6) zu.
   Trage die Lösung in die Tabelle ein. Eine Aussage (b) ist bereits zugeordnet.
   Eine Aussage passt nicht.

Zeile 1–9	**0**
Zeile 10–26	1
Zeile 27–37	2
Zeile 38–50	3
Zeile 51–60	4
Zeile 61–67	5
Zeile 68–77	6

a	Der junge Mann setzt seinen zweiten Wunsch ein, um den ersten Wunsch rückgängig zu machen.
b	**Der Erzähler begegnet zufällig einem alten Mann, der ihm seine Geschichte erzählt.**
c	Der junge Mann steht wütend auf und geht weg, ohne den dritten Wunsch einzulösen.
d	Verärgert spricht der junge Mann seinen ersten Wunsch aus.
e	Der ca. 70-Jährige hat immer noch einen Wunsch frei.
f	Auf der Parkbank bietet der alte Mann dem jungen Mann drei Wünsche an.
g	Der Wunschgeber rät dem jungen Mann, den dritten Wunsch sinnvoll einzusetzen.
h	Der junge Mann entschuldigt sich bei dem Wunschgeber.

0	1	2	3	4	5	6
b						

____ von 3 P

2. Kreuze die zwei richtigen Aussagen an.

Der Mann spricht zwei Wünsche aus.
Er wünscht sich, dass sein Banknachbar …

- ☐ ihm zu einem zufriedenen Leben verhilft.
- ☐ ihn in Ruhe lässt und verschwindet.
- ☐ für ihn eine schöne Frau findet.
- ☐ ihm Reichtum beschert.
- ☐ zu ihm zurückkehrt.

____ von 2 P

3. Nenne je zwei Merkmale aus dem Text, die zeigen, wie sich das Aussehen des Banknachbarn nach der Rückkehr aus der Hölle verändert hat.

Aussehen vorher	**Aussehen nachher**
•	•
•	•

____ von 2 P

4. Die folgenden Ausdrücke kommen im Text vor.
Kreuze jeweils die richtige Bedeutung an (✗).

Z. 10	„… blickte mir prüfend ins Gesicht, …"	☐	holte die Polizei
		☒	schaute mich genau an
		☐	kontrollierte meinen Ausweis
Z. 18/19	„… ein bisschen zu gutmütig."	☐	etwas zu geduldig
		☐	etwas zu mutig
		☐	etwas zu ruhig
Z. 24	„… sich in meine Lage versetzen …"	☐	meinen Platz besetzen
		☐	mich verstehen
		☐	mir meine Ruhe lassen
Z. 46/47	„Mir blieb keine Wahl."	☐	Ich hatte keine andere Möglichkeit.
		☐	Mir fiel keine Ausrede ein.
		☐	Ich hatte kein Stimmrecht.

Z. 61	„…, den Schaden wieder gutzumachen.“	☐	den Schaden zu leugnen
		☐	den Schaden zu verhindern
		☐	den Schaden in Ordnung zu bringen

____ von 2 P

5. „Das Glück ist ja schließlich keine Dauerwurst, von der man sich täglich seine Scheibe herunterschneiden kann!“ (Zeilen 4–5)
Kreuze die richtige Erklärung an.
   - ☐ Wer ständig Wurst isst, hat wenig Glück im Leben.
   - ☐ Jeder Tag kann ein Glückstag sein.
   - ☐ Das Glück ist nicht immer verfügbar, es kommt und geht.

____ von 1 P

6. Im Text treten drei Männer auf (hier A, B und C genannt), die Folgendes sagen:
Mann A: „Ich bin nämlich der Mann, der einen Wunsch frei hat.“ (Z. 9)
Mann B: „Hören Sie, junger Mann – fein war das nicht von Ihnen!“ (Z. 58/59)
Mann C: „Seitdem sind Sie glücklich?“ (Z. 70)

   Die Aussagen in den Sprechblasen stehen nicht im Text.
   Welcher Mann <u>könnte</u> welche Aussage machen?
   Ordne jede Sprechblase dem Mann zu, zu dem sie am besten passt.
   Eine Aussage passt zu keinem der Männer.

Unglaublich! Hätte ich einen Wunsch frei, wüsste ich sofort, was ich mir wünschte.

Mann ________

Wenn du deinen zweiten Wunsch nicht verschenkt hättest, könnten wir jetzt vielleicht in einem schöneren Haus wohnen.

Mann ________

> Ich will meine Ruhe haben! Sehen Sie nicht, dass Sie stören?

Mann ________

> Es nimmt kein Ende! Schon wieder einer dieser unzufriedenen Menschen, denen ich zu Hilfe eilen muss.

Mann ________

____ von 4 P

7. Kreuze den Sinnspruch an, der am besten zu Kästners „Märchen vom Glück“ passt.

- ☐ „Mut steht am Anfang des Denkens, Glück am Ende.“ *(Demokrit)*
- ☐ „Man will nicht nur glücklich sein, sondern glücklicher als die anderen.“ *(Charles-Louis de Montesquieu)*
- ☐ „Es gibt viele Wege zum Glück. Einer davon ist, aufhören zu jammern.“ *(Albert Einstein)*

____ von 1 P

Erreichte Gesamtpunktzahl: ____ von 15 P

Teil D: Schreiben

Wähle eine Aufgabengruppe – A oder B – aus.

Aufgabengruppe A

1. Betrachte Abbildung M 1.

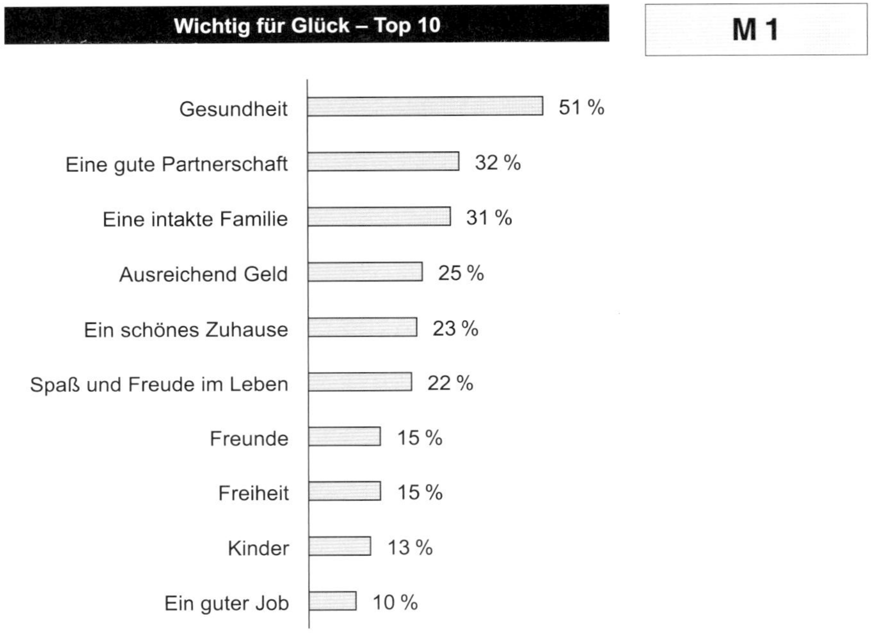

SINUS-Institut/YouGov, Online-Interviews repräsentativ für Deutschland, 18–69 Jahre, n=2.026
Umfrage zum Internationalen Tag des Glücks/Weltglückstag – 20. März 2019, Angaben in %

Quelle: Susanne Ernst: Glücks-Studie: Deutsche sind glücklich und optimistisch, Sinus Institut 19.03.2019, https://www.sinus-institut.de/media-center/presse/deutsche-sind-gluecklich-und-optimistisch, zu Prüfungszwecken bearbeitet.

a) Beschreibe die Abbildung (M 1) in 1–2 Sätzen.

Inhalt: ____ von 1 P

Sprache: ____ von 1 P

b) Formuliere zwei wesentliche Aussagen zu der Abbildung (M 1) und vergleiche sie mit der Situation in einem anderen Land.

Inhalt: ____ von 2 P

Sprache: ____ von 2 P

c) Wähle zwei Aspekte aus der Abbildung (M 1) aus, die dir besonders wichtig sind. Begründe deine Auswahl.

Inhalt: ____ von 2 P

Sprache: ____ von 2 P

2. Deine Schule veranstaltet einen Projekttag zum Thema „Jugend und Glück“.
Deine Klasse möchte den Glücksforscher Mike Winner einladen, damit er zur Eröffnung des Projekttages einen Vortrag vor der Schulgemeinschaft hält.
Schreibe einen Brief (ca. 150 Wörter), in dem du Herrn Winner einlädst. Die Inhaltssammlung unten bietet dir Anregungen.

Inhalt: ____ von 10 P

Sprache: ____ von 10 P

Erreichte Gesamtpunktzahl: ____ von 30 P

Aufgabengruppe B

1. Betrachte die Karikatur (M 2) und lies das Zitat (M 3).

M 2

Quelle: © Toonpool/Jan Tomaschoff

M 3

„Es gibt keinen Weg zum Glück.
Glücklichsein ist der Weg."
(Buddha)

a) Beschreibe die Karikatur (M 2) in 1–2 Sätzen.

Inhalt: ____ von 1 P

Sprache: ____ von 1 P

b) Deute die Karikatur (M 2) und stelle einen Bezug zu dem Zitat (M 3) her.

Inhalt: ____ von 2 P

Sprache: ____ von 2 P

c) „Wir denken selten an das, was wir haben, aber immer an das, was uns fehlt.“ *(Arthur Schopenhauer)*

M 4

Erkläre das Zitat von Arthur Schopenhauer (M 4) mit eigenen Worten und verdeutliche deine Erklärung mithilfe eines Beispiels oder Gegenbeispiels aus deinem persönlichen Erfahrungsbereich.

Inhalt: ____ von 2 P

Sprache: ____ von 2 P

2. Beim Projekttag „Jugend und Glück“ nimmst du an einem Schreibworkshop teil. Dort verfasst du einen Text für die Lese-Pinnwand deiner Schule zum Thema

Glücklichsein bedeutet für mich …

Schreibe einen zusammenhängenden Text (150 Wörter), in dem du deine Erfahrungen und Vorstellungen dazu ausführst.

Inhalt: ____ von 10 P

Sprache: ____ von 10 P

Erreichte Gesamtpunktzahl: ____ von 30 P

Lösungsvorschläge

Teil A: Zuhören

Hörtext 1

Ling	Ist das hier etwa ein – das gibt´s doch gar nicht! Hey, Victor, schau mal, was ich gefunden habe!
Victor	Gras? Löwenzahn? Salat?
Ling	Ein vierblättriges Kleeblatt! Das ist was ganz Besonderes! Das gibt es nur ganz selten! Und das hier auf dem Schulhof!
Victor	Na dann: herzlichen Glückwunsch, Ling, dass du eins gefunden hast!
Ling	Cool! Heute ist bestimmt mein Glückstag – ein vierblättriges Kleeblatt ist doch ein Glücksbringer!
Victor	Stimmt. Gibt´s ja überall als Glückssymbol. Ich glaub aber eher an die Glückscents, die man auf der Straße findet. Da hat man wenigstens was davon.
Ling	Wenn du meinst. Jeder glaubt eben an was anderes. Meine Eltern kommen ja aus Asien und meine Mutter stellt zu Hause immer solche Maneki-neko-Figuren auf. Das sind Katzenfiguren, die ständig mit einer Pfote winken und zum Beispiel Glück und Wohlstand bringen sollen. Aber nur, wenn sie mit der rechten Hand winken.
Victor	Glückskatzen gibt es bei meinen Verwandten in Russland auch, aber echte. Meine Oma meint, die müssen unbedingt dreifarbig sein, sonst bringen sie kein Glück. Und es gibt noch mehr Tiere, die man bei uns für Glückssymbole hält, z. B. Frösche, Kraniche oder Goldfische.
Ling	Und hier in Deutschland verschenkt man ja an Silvester immer rosa Marzipanschweinchen oder Marienkäfer aus Schokolade. Die sollen Glück fürs neue Jahr bringen.
Victor	Bei Tieren fällt mir ein: Erinnerst du dich noch an unseren Ausflug auf den Bauernhof? Da hingen doch an den Ställen überall Hufeisen. Früher glaubten die Menschen, dass von Hufeisen besondere Kräfte ausgehen, die die Tiere beschützen sollen. Das hat uns die Landwirtin erklärt.
Ling	Na klar, das weiß ich noch! Du wolltest gleich heimlich ein Hufeisen mitnehmen!
Victor	Der Landwirt hat es mir geschenkt, weil ich gesagt habe, dass ich sehr viel Glück für die nächste Matheprobe brauche.
Ling	Und, hat's was gebracht?

Victor	Na ja, geht so. Dabei hatte mir meine Mutter zur Sicherheit auch noch so ein Nazar-Amulett gegeben.
Ling	Ein bitte was?
Victor	Das kennst du bestimmt. Das ist so ein blauer, augenförmiger Glasstein. Meine Mutter hat ihn von einer Freundin als Glücksbringer bekommen und glaubt fest daran.
Ling	Ach so, DAS meinst du! Das kommt doch aus dem Orient. Aber ich dachte, das heißt „Fatimas Auge".
Victor	Kann auch sein. Auf jeden Fall soll das Auge vor dem bösen Blick schützen … Sag mal, hast du eigentlich noch was von den leckeren Glückskeksen, die deine Schwester immer selber macht? Du weißt schon: die mit den Zetteln drin!
Ling	Ja, jede Menge. Auf deinem Zettel würde bestimmt stehen: „Nur wer fleißig lernt, wird gute Noten schreiben!"
Victor	(lacht) Okay, okay! Ich setz mich nachher hin und tu was!

Aufgabe zu Hörtext 1

Hinweis: *Achte darauf, welche der zur Auswahl stehenden Personen im Hörtext genannt wird und welches Glückssymbol in diesem Zusammenhang erwähnt wird. Die beiden Symbole, die keiner Person zugeordnet werden können, kommen im Text ebenfalls vor. Lass dich davon nicht verwirren.*

1	Lings Mutter	**h**
2	Lings Schwester	**e**
3	Victor	**c**
4	Victors Mutter	**g**
5	Victors Oma	**a**

Hörtext 2

Moderatorin	Hallo und herzlich willkommen, liebe Zuhörerinnen und Zuhörer, bei „Das große Hörlexikon“. In der neuen Folge unseres Podcasts heißt das Thema dieses Mal „G wie Glück“. Seit jeher beschäftigt das Thema Glück die Menschheit. Forscherinnen und Forscher haben herausgefunden, dass Menschen, die viele Glücksmomente erleben, sich weniger gestresst fühlen. Mit weniger Stress lebt es sich leichter, vieles gelingt besser und der Mensch ist mit sich und seinem Leben zufrieden. Dann kann man auch Augenblicke aushalten, in denen nicht alles perfekt gelingt. Auf die großen Fragen rund um das Thema Glück antwortet uns heute der Glücksforscher Prof. Dr. Eisenhufner.
Glücks-forscher	Das Thema Glück beschäftigte die Menschheit schon immer. Aber was ist Glück eigentlich? Glück ist etwas, das man nicht anfassen, nicht hören und auch nicht riechen kann. Glück kann man nur fühlen. Niemand weiß, wann es kommt. Plötzlich ist es da. Für jeden Menschen bedeutet Glück etwas anderes: eine Eins im Aufsatz, das Lieblingslied im Radio, ein Stück Schokolade, eine Umarmung. Zu der Frage, wo die glücklichsten Menschen leben, hat die UN in ihrem Glücksreport 156 Länder miteinander verglichen und festgestellt, dass nicht überall auf der Welt die Menschen gleichermaßen glücklich sind. Der aktuellen Studie nach leben die glücklichsten Menschen in Finnland, gefolgt von Dänemark und Norwegen. Möglicherweise liegt das daran, dass die Menschen in diesen Ländern ein gesichertes Einkommen haben und in einer Demokratie mit einer stabilen Regierung leben. Das Gefühl, das wir Glück nennen, entsteht in unserem Gehirn. Im mittleren Teil des Gehirns befindet sich das Belohnungszentrum, das aus einer großen Anzahl von Nervenzellen besteht. Wenn nun jemand zum Beispiel eine gute Note für eine Probe bekommt, werden im Belohnungszentrum Glückshormone ausgestoßen. Eines dieser Hormone heißt Dopamin. Dieses Dopamin bewirkt, dass unser Gehirn besser arbeitet, wir motivierter sind und wir uns gut konzentrieren können. Ein anderes Glückshormon ist das Endorphin. Es wird ausgestoßen, wenn der Mensch sich zum Beispiel beim Sport viel bewegt und anstrengt. Ein drittes Hormon, das sogenannte Oxytocin, wird hingegen abgegeben, wenn Menschen sich mögen. Unser Gehirn sorgt dafür, dass das Glücksgefühl nach einiger Zeit wieder abnimmt. Das heißt also, es ist kein Dauerzustand. Nur so kann man das Glücksgefühl jedes Mal wieder neu genießen und sich daran freuen. Weil dieses Gefühl so schön ist, strebt der Mensch danach, so oft wie möglich glücklich zu sein. Aber glücklich sein und Glück haben ist nicht dasselbe. Wenn jemand zum Beispiel beim Kartenspiel gute Karten bekommt, hat er Glück, und das ist genau genommen Zufall. Den Zufall kann man nämlich nicht beeinflussen. Das Glücklichsein aber kann man selbst in die Hand nehmen.

	Um eine gute Note in einer Probe zu bekommen, kann man sich vorbereiten und lernen. Man kann mit Freunden, die man wirklich mag, viel Zeit verbringen oder sich im Sport so richtig verausgaben. Für diese Glücksmomente kann man selbst sorgen.
Moderatorin	Sorgen also auch Sie immer wieder selbst dafür, dass Sie solche Glücksmomente erleben können. So gehen Sie leichter und stressfreier durchs Leben. Das war unsere Podcastfolge „Das große Hörlexikon" mit dem Thema „G wie Glück“. Wenn sie Ihnen gefallen hat, dann schalten Sie auch das nächste Mal wieder ein, wenn es heißt „H wie Humor“.

Aufgabe zu Hörtext 2

Hinweis: *Die richtigen Antwortmöglichkeiten kommen nicht wortwörtlich im Hörtext vor. Du musst den Inhalt des Hörtextes verstehen, um die richtige Antwort zu finden. Oft werden Synonyme zu den Ausdrücken in den Antworten verwendet, z. B. „gesichertes Einkommen“ statt „keine Geldsorgen“ in Aussage (2).*

(1) Glück …

- ☐ bedeutet für alle das Gleiche.
- ☒ ist etwas sehr Individuelles.
- ☐ kann lange anhalten.

Hinweis: *Im Hörtext sagt der Glücksforscher Prof. Dr. Eisenhofer: „Für jeden Menschen bedeutet Glück etwas anderes: eine Eins im Aufsatz, das Lieblingslied im Radio, ein Stück Schokolade, eine Umarmung.“*

(2) In einigen Ländern sind die Menschen besonders glücklich, weil sie …

- ☐ wenig Stress haben.
- ☐ sich nicht um Politik kümmern.
- ☒ keine Geldsorgen haben.

Hinweis: *Im Hörtext sagt der Glücksforscher: „Der aktuellen Studie nach leben die glücklichsten Menschen in Finnland, gefolgt von Dänemark und Norwegen. Möglicherweise liegt das daran, dass die Menschen in diesen Ländern ein gesichertes Einkommen haben […].“*

(3) Glücksgefühle entstehen in …

- ☐ unserer Seele.
- ☒ unserem Kopf.
- ☐ unserem Bauch.

Hinweis: *Im Hörtext sagt der Glücksforscher: „Das Gefühl, das wir Glück nennen, entsteht in unserem Gehirn.“*

(4) Die Forschung hat herausgefunden, dass sich Glücksgefühle mit der Zeit …

- [x] reduzieren.
- [ ] ändern.
- [ ] verbessern.

Hinweis: *Im Hörtext sagt der Glücksforscher: „Unser Gehirn sorgt dafür, dass das Glücksgefühl nach einiger Zeit wieder abnimmt."*

(5) Eine Person „hat Glück gehabt" bedeutet, dass …

- [ ] sie etwas gut geplant hat.
- [ ] sie glücklich ist.
- [x] ihr zufällig etwas Positives geschehen ist.

Hinweis: *Im Hörtext sagt der Glücksforscher: „Wenn jemand zum Beispiel beim Kartenspiel gute Karten bekommt, hat er Glück, und das ist genau genommen Zufall. Den Zufall kann man nämlich nicht beeinflussen."*

Hörtext 3

Jasmin	Frau Maier, wie kamen Sie auf die Idee, in Ihrem Jugendzentrum den Workshop „Glücksschmiede" einzuführen?
Frau Maier	Ich habe an einer Fortbildung zum Thema „Glücklichsein lernen – Philosophieren mit Jugendlichen" teilgenommen und war sofort begeistert, welche positiven Auswirkungen das Philosophieren über das Glück auf jeden Einzelnen und die Gesellschaft haben kann. Deshalb biete ich den Workshop „Glücksschmiede" an, um unseren Jugendlichen zu zeigen, wie viel man durch die Auseinandersetzung mit sich selbst erreichen kann.
Ivan	Und weshalb heißt der Workshop „Glücksschmiede"?
Frau Maier	„Jeder ist seines Glückes Schmied" heißt ein Sprichwort. Das bedeutet, dass jeder von uns aktiv dazu beitragen kann, glücklich zu sein. Das ist mir ganz wichtig: Jede und jeder kann sein Leben so gestalten, dass sie oder er glücklich ist. Und dabei möchte ich die Jugendlichen mit meinem Workshop unterstützen.
Jasmin	Das klingt ja ganz gut, aber wollen Jugendliche in einem Jugendzentrum nicht einfach nur entspannen und ihre Freunde treffen? Philosophieren und Glücklichsein lernen klingt anstrengend und irgendwie uncool.
Frau Maier	Bis zu einem gewissen Grad ist es tatsächlich anstrengend, ja. Aber uncool ist es auf keinen Fall. Bei den meisten Jugendlichen sorgt das Philosophieren vielmehr für Glücksgefühle, die sich wiederum positiv zum Beispiel auf Motivation und Lebenseinstellung und sogar das Lernen auswirken.

Ivan	Worum geht es denn inhaltlich ganz konkret bei Ihrem Workshop „Glücksschmiede“?
Frau Maier	Also ... die Jugendlichen denken über sich selbst nach und philosophieren über das Leben allgemein. Dadurch soll ihre Persönlichkeit gestärkt werden.
Jasmin	Hmm ... Was genau meinen Sie?
Frau Maier	Die Jugendlichen lernen zum Beispiel, stabile Beziehungen zu anderen Menschen aufzubauen und sich in andere hineinzuversetzen. Ziel ist es, sich selbst mit seinen eigenen Stärken und Schwächen zu akzeptieren, aber auch zu erkennen, an welchen Punkten man sich weiterentwickeln kann.
Ivan	Um welche Fragen geht es da speziell? Können Sie ein paar Beispiele nennen?
Frau Maier	Beispiele? Ja, klar! Zentral sind die Fragen „Wer bin ich? Was brauche ich? Was kann ich? Was macht mich zufrieden? Was will ich?“. Sie stehen im Mittelpunkt des Workshops. Gerade die letzten beiden Fragen, „Was macht mich zufrieden?“ und „Was will ich?“, gehen davon aus, dass Menschen, die ihre Wünsche kennen, häufiger persönliche Ziele entwickeln ... Und ... wenn sie diese verwirklichen, sind sie glücklich – zumindest für eine Weile.
Jasmin	Ich verstehe ... Na ja, aber ich werde ja nicht all meine Ziele im Leben erreichen können, oder?
Frau Maier	Vermutlich nicht. Da sprichst du einen wichtigen Punkt an. Denn auch das ist ein Lernprozess: Die Jugendlichen lernen im Workshop auch zu akzeptieren, dass einem im Leben nicht immer alles gelingt. In unserer Gesellschaft werden Fehler oft als etwas Schlechtes angesehen. Dabei bieten Fehler uns oft die große Chance, daraus zu lernen und etwas zu verändern.
Ivan	Noch eine letzte Frage ... wie viele Jugendliche besuchen denn die „Glücksschmiede“?
Frau Maier	Mehr als Plätze zur Verfügung stehen! Deshalb bieten wir hier im Jugendzentrum auch während der Ferien immer Workshops an, in denen wir über das Glücklichsein philosophieren. Und auch andere Jugendzentren machen mit!
Jasmin	Das klingt ja alles sehr interessant. Ich glaub‘, ich melde mich auch für einen Ferienworkshop bei Ihnen an! Vielen Dank, dass Sie sich die Zeit für das Interview genommen haben.
Frau Maier	Sehr gerne.

Aufgabe zu Hörtext 3

Hinweis: *Die Aussagen in der Aufgabe folgen dem Ablauf des Hörtextes. Du musst den Inhalt des Gesprächs sehr gut verstehen, um entscheiden zu können, was richtig und was falsch ist. Wenn du bei manchen Aussagen nicht sicher bist, entscheide nach dem Anhören, was du aus dem Gesamtzusammenhang verstanden hast.*

(1)	Der Workshop „Glücksschmiede" wurde eingeführt, weil es die Jugendlichen im Jugendzentrum vorgeschlagen haben.	☐
(2)	Man kann selbst dafür sorgen, ein glückliches Leben zu führen.	☒
(3)	In diesem Workshop diskutieren die Jugendlichen darüber, wie man gut lernt.	☐
(4)	Die Jugendlichen lernen hier, wie man sich bei seinen Mitmenschen beliebt macht.	☐
(5)	Die Jugendlichen lernen, sich so anzunehmen, wie sie sind.	☒
(6)	In dem Workshop geht es vor allem um die Auseinandersetzung mit den eigenen Bedürfnissen, Fähigkeiten und Wünschen.	☒
(7)	Menschen, die wissen, was sie wollen, und dies auch umsetzen, sind meist glücklich.	☒
(8)	In der Wirklichkeit läuft meist alles so ab, wie wir uns das wünschen.	☐
(9)	Fehler können uns dabei helfen, etwas zu verbessern.	☒
(10)	Das Jugendzentrum von Frau Maier ist das einzige, in dem ein Workshop zu dem Thema stattfindet.	☐

Teil B: Sprachgebrauch

Sprachbetrachtung

1. • mit Grundwort „-glück“ z. B.: das Familienglück
   • mit Bestimmungswort „Glück-“ z. B.: der Glückspilz

   Hinweis: *Bei deinen Nomen kann das Wort „Glück“ am Anfang oder am Ende stehen. Der Artikel richtet sich immer nach dem Grundwort (dem zweiten Wort). Beispiel: Im Wort „Glückspilz“ ist das Grundwort „der Pilz“. Deshalb hat auch das zusammengesetzte Nomen den Artikel „der“ (der Glückspilz). Wenn du dir nicht sicher bist und du die Zeit hast, dann schlage das Grundwort im Wörterbuch nach. Dort findest du den richtigen Artikel. Weitere mögliche Lösungen mit dem Bestimmungswort „Glück-“ sind z. B. „der Glückwunsch“, „der Glückstag“, „die Glückssache“, „der Glücksstern“. Mit dem Grundwort „-glück“ lassen sich außerdem die Komposita „das Anfängerglück“, „das Würfelglück“, „das Riesenglück“, „das Zugunglück“ bilden.*

2. **Interview zum „Weltglückstag“**

   Pünktlich zum Weltglückstag, der jedes Jahr am 20. März begangen wird, interviewten drei Studierende aus München einen Forscher (0) **zu** seinen Gedanken zum Thema Glück. Die drei jungen Leute bereiten sich gründlich (1) **auf** ihre Reise in die Schweiz vor. Dort unterhielten sie sich an der Universität Genf (2) **mit** dem langjährigen Glücksforscher Dr. Tho aus Asien. Die Studierenden erkundigten sich bei dem Wissenschaftler (3) **nach** seinem aktuellen Forschungsprojekt. Sie warteten nicht lange (4) **auf** seine Antwort: „Ich träume (5) **von** einer Welt des nationalen Glücks!“ Die Studierenden bedankten sich bei Dr. Tho (6) **für** das interessante Interview.

   Hinweis: *Präpositionen sind Wörter wie „auf“, „zu“, „über“, „unter“ oder „nach“. Wenn du neue Verben lernst, solltest du immer mitlernen, welche grammatikalischen Fälle folgen oder welche Präpositionen mit dem Verb benutzt werden (z. B. „sich unterhalten mit jemandem über etwas“).*

3. (1) Sabine lebt zufrieden, **obwohl sie im Monat wenig Geld zur Verfügung hat**.

   (2) Irina hat zwar im Gegensatz zu Sabine viel Geld, **trotzdem sind ihr gute Freunde wichtiger als Reichtum**.

   (3) Ahmeds Vater meint, dass man dann zufrieden ist, **wenn man sich nach dem Schulabschluss für einen interessanten Beruf entscheidet.**

   Hinweis: *Zuerst musst du bei jedem Satz entscheiden, welche Konjunktion inhaltlich passt. Wird im zweiten Teil des Satzes z. B. ein Gegensatz, ein Grund oder eine Bedingung genannt? In jedem Satz passt nur eine Konjunktion. „Wenn“ und „obwohl“ leiten einen Nebensatz ein. Das konjugierte (gebeugte) Verb steht dann am Satzende. Nach der Konjunktion „trotzdem“ folgt direkt das konjugierte (gebeugte) Verb.*

4. Wenn Antonio einen Wunsch frei hätte , würde er sich Frieden für die Welt wünschen .
Antonio fragt Elias: „ Was würdest du dir wünschen ? “

Hinweis: Die Konjunktion „wenn“ leitet einen Nebensatz ein, der von einem Hauptsatz mit einem Komma abgetrennt werden muss. Am Ende steht eine direkte Frage. Du musst also Anführungszeichen und ein Fragezeichen setzen.

Rechtschreiben

5. Der bekannte (0) *Glücksforscher/Glücks Forscher* erklärt (1) *anhand/Anhand* seiner Ergebnisse, wann ein Lottogewinn glücklich machen kann. Die Forschung zeigt (2) *folgendes/Folgendes* ganz deutlich: (3) *es/Es* kommt in jedem Fall darauf an, (4) *wofür/wo für* man eine große Menge Geld verwendet. Wir wissen, dass (5) *Schenken/schenken* zu den verschiedensten Anlässen, aber auch großzügiges (6) *spenden/Spenden* eng mit Glück verbunden ist.

Hinweis: Bei „anhand“ handelt es sich um eine Präposition und diese werden grundsätzlich kleingeschrieben (außer am Satzanfang). „Folgendes“ wird hier wie ein Nomen verwendet und deshalb großgeschrieben. Nach einem Doppelpunkt beginnt hier ein neuer Satz. Deshalb wird „es“ großgeschrieben. „Wofür“ schreibt man zusammen. „Schenken“ und „spenden“ werden hier wie Nomen benutzt und werden deshalb großgeschrieben.

6. Im **Jahr** 2021 findet in Hamburg ein Forscherkongress statt. Bei dem Kongress treffen sich internationale Experten, um über das Thema Glück zu diskutieren. Sie **äußern** sich zu der Frage, was die **Menschheit** wissen muss, um glücklich leben und **Leid** überwinden zu können.

Hinweis: Das a in „Jahr“ wird lang gesprochen, deshalb musst du ein h einfügen. „International“ wird mit t geschrieben. Denke an das verwandte Wort „Nation“. „Äußern“ wird mit ß geschrieben. Denke auch hier an das verwandte Nomen „Äußerung“. „Menschheit“ wird mit zwei h geschrieben, da es sich um eine Zusammensetzung aus Mensch und der Endung -heit handelt. „Leid“ wird mit d geschrieben. Das kannst du dir durch das verwandte Wort „leiden“ erschließen.

Teil C: Lesen

1. ***Hinweis:*** *Lies nach jedem Absatz des Textes die Aussagen in der rechten Spalte und entscheide jeweils, welche am besten passt.*

1	2	3	4	5	6
f	**d**	**a**	**h**	**g**	**e**

2. ***Hinweis:*** *Die Antworten findest du im Text in den Zeilen 29 bis 31 und 47 und 48.*

Er wünscht sich, dass sein Banknachbar …

- ☐ ihm zu einem zufriedenen Leben verhilft.
- ☒ ihn in Ruhe lässt und verschwindet.
- ☐ für ihn eine schöne Frau findet.
- ☐ ihm Reichtum beschert.
- ☒ zu ihm zurückkehrt.

3. ***Hinweis:*** *Das Aussehen vor dem Verschwinden wird in den Zeilen 17 und 18 beschrieben, das Aussehen nachher in den Zeilen 56 bis 58.*

Aussehen vorher	Aussehen nachher
• Weihnachtsmann in Zivil • weißer Vollbart, weiß wattiertes Großvatermündchen	• Vollbart hatte gelitten, an den Rändern verbrannt • Augenbrauen etwas verbrannt

Hinweis: *In der Spalte „Aussehen vorher“ kannst du außerdem „rote Apfelbäckchen“, „buschige Augenbrauen“ oder „Augenbrauen wie Christbaumwatte“ nennen.*

4. ***Hinweis:*** *Wenn du den Ausdruck nicht kennst, solltest du noch einmal die angegebene Zeile im Text durchlesen. Überlege anschließend, welche Antwortmöglichkeit an dieser Textstelle sinnvoll ist. Vielleicht hilft auch ein Blick ins Wörterbuch, z. B. um die Bedeutung eines einzelnen Wortes wie „gutmütig“ nachzusehen.*

Z. 18/19	„… ein bisschen zu gutmütig.“	☒	etwas zu geduldig
		☐	etwas zu mutig
		☐	etwas zu ruhig
Z. 24	„… sich in meine Lage versetzen …“	☐	meinen Platz besetzen
		☒	mich verstehen
		☐	mir meine Ruhe lassen

Z. 46/47	„Mir blieb keine Wahl."	☒	Ich hatte keine andere Möglichkeit.
		☐	Mir fiel keine Ausrede ein.
		☐	Ich hatte kein Stimmrecht.
Z. 61	„…, den Schaden wieder gutzumachen."	☐	den Schaden zu leugnen
		☐	den Schaden zu verhindern
		☒	den Schaden in Ordnung zu bringen

5. ***Hinweis:*** *Wenn du den Ausdruck „Dauerwurst" nicht kennst, kann dir ein Blick ins Wörterbuch helfen.*

„Das Glück ist ja schließlich keine Dauerwurst, von der man sich täglich seine Scheibe herunterschneiden kann!" (Zeilen 4–5)

☐ Wer ständig Wurst isst, hat wenig Glück im Leben.

☐ Jeder Tag kann ein Glückstag sein.

☒ Das Glück ist nicht immer verfügbar, es kommt und geht.

6. ***Hinweis:*** *Zuerst muss dir klar sein, wer mit den Bezeichnungen A, B und C gemeint ist. A ist der Mann, der drei Wünsche bekommt. B ist der Mann, der die Wünsche erfüllt. Und C ist der Mann, der sich die Geschichte anhört.*

Unglaublich! Hätte ich einen Wunsch frei, wüsste ich sofort, was ich mir wünschte.

Mann **C**

Wenn du deinen zweiten Wunsch nicht verschenkt hättest, könnten wir jetzt vielleicht in einem schöneren Haus wohnen.

Mann **---**

Ich will meine Ruhe haben! Sehen Sie nicht, dass Sie stören?

Mann **A**

Es nimmt kein Ende! Schon wieder einer dieser unzufriedenen Menschen, denen ich zu Hilfe eilen muss.

Mann **B**

7. ***Hinweis:*** *Im Sinnspruch von Demokrit geht es um Mut, in der Erzählung aber nicht. Der Sinnspruch von Charles-Louis de Montesquieu thematisiert das Glücklichsein zwar, aber in der Geschichte wird keine Person mit einer anderen verglichen. Der Sinnspruch von Albert Einstein bezieht sich darauf, dass man Glück auf unterschiedliche Weise erreichen kann und nicht über die eigene Situation jammern sollte. Passend dazu sagt der Mann am Ende der Erzählung, dass man sich im Leben darauf konzentrieren soll, was man sich wünscht, und nicht auf das, was eventuell schief läuft.*

   Kreuze den Sinnspruch an, der am besten zu Kästners „Märchen vom Glück" passt.

   ☐ „Mut steht am Anfang des Denkens, Glück am Ende." *(Demokrit)*

   ☐ „Man will nicht nur glücklich sein, sondern glücklicher als die anderen." *(Charles-Louis de Montesquieu)*

   ☒ „Es gibt viele Wege zum Glück. Einer davon ist, aufhören zu jammern." *(Albert Einstein)*

Teil D: Schreiben

Aufgabengruppe A

1. a) *Hinweis: Schreibe sowohl über den Inhalt des Diagramms als auch über die Informationen aus der Quellenangabe.*

   Das Balkendiagramm vom 20. März 2019 zeigt, was den Deutschen im Alter von 18 bis 69 Jahren wichtig für ihr persönliches Glück ist. Dafür hat das SINUS-Institut/YouGov 2 026 Personen befragt.

   b) *Hinweis: Wähle zwei Punkte aus, die du gut mit einem anderen Land, das du kennst, vergleichen kannst. Beschreibe zuerst, was das Diagramm darüber aussagt, und ziehe dann einen Vergleich zum anderen Land.*

   Für etwas mehr als die Hälfte der Deutschen ist Gesundheit wichtig für das persönliche Glück. Nur 31 % finden, dass eine intakte Familie wichtig für ein glückliches Leben ist. Ich denke, dass in meinem Herkunftsland Somalia auch sehr viele Menschen Gesundheit als wichtige Voraussetzung für ein glückliches Leben nennen würden. Die Familie würde bei uns eine noch größere Rolle spielen.

   c) *Hinweis: Wähle zwei Punkte und überlege, warum sie in deinem Leben wichtig sind. Für die Begründung kannst du Sätze mit „weil" oder „da" bilden.*

   Mir persönlich sind Freunde sehr wichtig, **weil** ich sie in meiner Freizeit häufig sehe und sie immer für mich da sind. Außerdem ist mir nach der Schule ein guter Job wichtig, **da** ich dort viel Zeit verbringe und ich genug Geld für ein gutes Leben verdienen will.

2. *Hinweis: Beachte die Regeln für das Schreiben eines Briefes. Du darfst eine Anrede und eine Abschiedsformel nicht vergessen. Sprich Herrn Winner direkt an und berichte von deinen Plänen. Orientiere dich an den Ideen, die dir die Aufgabe vorgibt.*

   Sehr geehrter Herr Winner,

   mein Name ist Tarik Yilmaz und ich besuche die 9. Jahrgangsstufe der Kästner-Mittelschule in München. Wir veranstalten am Ende des Schuljahres einen Projekttag zum Thema „Jugend und Glück". Dort werden verschiedene Workshops angeboten, in denen die Schüler herausfinden sollen, wie sie jetzt und auch in Zukunft ein glückliches Leben führen können.
   Wir sind noch auf der Suche nach Rednerinnen und Rednern, die zur Eröffnung des Tages einen Vortrag halten möchten. Eine Internetrecherche hat ergeben, dass Sie die perfekte Person dafür wären, da Sie viel zum Thema Glück geforscht haben. Können Sie sich vorstellen, sich mit einer Rede an unserem Projekttag zu beteiligen? Wir dachten an einen Vortrag, bei dem Sie insbesondere auf die Bedeutung von Glück für Jugendliche eingehen.
   Der Projekttag findet am 22. Juli statt und beginnt um 9 Uhr. Die Kästner-Mittelschule befindet sich in der Tannenstraße 3 in München. Für den Vortrag zur Eröffnung der Veranstaltung haben wir 20 Minuten eingeplant.
   Ich würde mich freuen, wenn Sie Zeit hätten und unseren „Glückstag" bereichern würden. Für eine Antwort wäre ich dankbar.

   Mit freundlichen Grüßen
   Tarik Yilmaz *(181 Wörter)*

Aufgabengruppe B

1. a) **Hinweis:** *Benutze bei der Beschreibung der Karikatur Ausdrücke wie „im Vordergrund“ und „im Hintergrund“. Achte auch auf den Gesichtsausdruck der Menschen.*

   Auf der Karikatur sieht man im Vordergrund eine Menschenmenge, die rennt, gestresst aussieht und dabei einem Schild mit der Aufschrift Glück folgt. Im Hintergrund sieht man eine einzelne Person, die auf dem Boden liegt und zufrieden aussieht.

   b) ***Hinweis:*** *Überlege, was die Karikatur über verschiedene Wege auf der Suche nach dem Glück aussagt. Leite daraus allgemeine Aussagen ab. Erkläre dann, ob das Zitat mit diesen übereinstimmt oder ihnen widerspricht.*

   Die Karikatur zeigt, dass viele Menschen ein glückliches Leben verwirklichen wollen, dabei aber eher in Stress geraten, als das Glück zu finden. Der Mann im Hintergrund steht für einen Lebensstil, bei dem das Glück nicht gefunden werden muss, sondern gelebt wird. Das Zitat drückt das Gleiche aus. Man sollte sein Glück in der Gegenwart suchen und nicht in einem zukünftigen Ziel.

   c) ***Hinweis:*** *Überlege dir für das Beispiel, was du und dein Freundeskreis vielleicht gerne hätten, was gar nicht unbedingt notwendig ist.*

   Das Zitat meint, dass die Menschen oft etwas haben möchten, das sie nicht haben. Sie sollten sich aber auch bewusst machen, dass es viele Dinge in ihrem Leben gibt, mit denen sie zufrieden sein können. Viele meiner Mitschülerinnen und Mitschüler wollen zum Beispiel einen Traumurlaub in der Karibik machen, weil sie das bei Leuten auf Instagram sehen. Aber sie könnten sich auch darüber freuen, wenn sie mit ihrer Familie im Sommer zum Camping an einen See fahren.

2. ***Hinweis:*** *Woran hast du im Leben Spaß? Was ist dir im Leben wichtig? Schreibe darüber jeweils einen kleinen Absatz, in dem du deine Gedanken auch kurz begründest. Mögliche Themen sind Familie, Freundschaften, Hobbys, Freiheit, Frieden, Gesundheit und viele andere mehr.*

   Glücklichsein bedeutet für mich …
   … ein Leben im Kreise meiner Familie. Meine Eltern und meine Geschwister haben in den letzten Jahren alles dafür getan, damit ich ein glückliches Leben führen kann. Sie sind immer für mich da, helfen mir bei Problemen in der Schule und ich kann ihnen von meinen Sorgen berichten.
   Außerdem ist Gesundheit für mich eine Voraussetzung für ein glückliches Leben. In meiner Familie gab es vor drei Jahren einen Fall von Krebs. In dieser Zeit hatten wir kein glückliches Leben. Nachdem die Krankheit besiegt war und alle wieder gesund waren, ist das Glück zurückgekehrt.
   Als dritten Punkt für ein glückliches Leben sehe ich Fußball. Ich spiele in einem Verein, in dem ich jede Woche trainiere und oft Spiele gegen andere Mannschaften spiele. Die körperliche Aktivität tut mir gut und mit meinen Mitspielern habe ich viel Spaß. Wir lachen sehr viel. Da merke ich, dass ich sehr glücklich mit meinem Leben bin. *(150 Wörter)*

Teil A: Zuhören

Aufgabe zu Hörtext 1

Frau Steiner möchte ihre Kaffeemaschine reparieren lassen. Im Internet stößt sie auf einen Beitrag über eine Reparaturwerkstatt in der Nähe. Sie liest ihrem Mann daraus vor.

Höre zu, was Frau Steiner sagt.
Eine Frage (0) ist bereits beantwortet.

(0) Wo landen viele Geräte, die nicht mehr funktionieren?

auf der Müllhalde

(1) An welchen Tagen ist die Werkstatt zwischen 15.00 Uhr und 19.00 Uhr geöffnet?

____

____ von 1 P

(2) Wie viel bezahlt man normalerweise für eine Stunde?

____

____ von 1 P

(3) Mit wem kann man in der Werkstatt zusammenarbeiten?

____

____ von 1 P

(4) Welcher Service kostet 7,50 € pro Stunde?

____

____ von 1 P

(5) Welche Ersatzteile kann die Werkstatt bestellen?

____

____ von 1 P

____ **von 5 P**

Aufgabe zu Hörtext 2

Herr Nowak versucht, seinen defekten Drucker zu Hause selbst zu reparieren. Nun kommt seine Tochter Chiara dazu.

Höre dem Gespräch zwischen Herrn Nowak und Chiara zu. Kreuze während des Hörens die richtige Lösung an.
Eine Lösung (0) ist bereits angekreuzt.

(0) Herr Nowak möchte den Drucker …
- [x] selbst reparieren.
- [ ] in eine Werkstatt bringen.
- [ ] durch einen neuen ersetzen.

(1) Chiara empfiehlt dem Vater, …
- [ ] den Computer länger auszuschalten.
- [ ] den Stecker herauszuziehen.
- [ ] einen neuen Drucker zu kaufen.

____ von 1 P

(2) Herr Nowak hat schon …
- [ ] in der Werkstatt angerufen.
- [ ] im Handbuch nachgeschaut.
- [ ] alle Patronen gewechselt.

____ von 1 P

(3) Herr Nowak hat auch bereits überprüft, ob …
- [ ] ein Fach geöffnet ist.
- [ ] ein Papierstau vorliegt.
- [ ] das Verbindungskabel angeschlossen ist.

____ von 1 P

(4) Die Garantie ist abgelaufen seit …
- [ ] drei Tagen.
- [ ] drei Wochen.
- [ ] drei Monaten.

____ von 1 P

(5) Herr Nowak möchte den Drucker selbst reparieren, um …
- [ ] Müll zu reduzieren.
- [ ] Geldausgaben zu vermeiden.
- [ ] sich den Weg zur Werkstatt zu sparen.

____ von 1 P

____ **von 5 P**

Aufgabe zu Hörtext 3

An Adams Schule informiert die Techniklehrerin, Frau Berg, über eine geplante Projektwoche. Sie möchte ihre Schülerinnen und Schüler für ihre Recycling-Werkstatt begeistern.

Höre zu, was Frau Berg sagt.
Ergänze während des Hörens die Lücken mit Informationen aus dem Text.
Eine Lücke (0) ist bereits ergänzt.

Für die Projektwoche wurden schon viele defekte (0) **Elektrogeräte** gesammelt. In einer Tonne alter Handys sind circa (1) ______________ Kilogramm Kupfer enthalten. Außerdem befinden sich darin auch andere teure Rohstoffe, z. B. (2) ______________ und Gold.

Wenn man den Gesamtwert der wertvollen Rohstoffe zusammenrechnet, kommt man ungefähr auf (3) ______________ Euro.

Im (4) ______________ landen trotzdem 95 % der alten Handys nicht. Die Techniklehrerin möchte während der Projektwoche zeigen, wo sich die recycelbaren (5) ______________ verstecken.

____ **von 5 P**

Erreichte Gesamtpunktzahl: ____ von 15 P

Teil B: Sprachgebrauch

Sprachbetrachtung

1. Setze jeweils ein Wort (Nomen, Verb oder Adjektiv) ein, das mit dem Wort in Klammern verwandt ist.
   Beachte das Beispiel (0).

   Immer mehr Menschen wollen nachhaltiger leben. Deshalb versuchen sie, im Alltag möglichst wenig Müll zu (0) **produzieren** (Produkt).

   Sie nehmen z. B. eigene Behältnisse zum Einkaufen mit oder nutzen (1) ____________ (Unterschied) Pfandsysteme.

   Wenn sich Müll nicht ganz (2) ____________ (Vermeidung) lässt, sollten aus dem Abfall wertvolle Rohstoffe (3) ____________ (Gewinn) werden. So kann man den Verbrauch von (4) ____________ (Natur) Ressourcen senken. Das tut Mensch und Umwelt gut.

   ____ von 2 P

2. Setze das Wort in Klammern in der grammatikalisch richtigen Form ein.
   Beachte das Beispiel (0).

   Plastik-Enten auf Reisen

   Im Jahr 1992 (0) **geriet** (geraten) ein Schiff auf (1) ____________ (der) Weg von Hongkong nach Amerika in einen Sturm. Dabei (2) ____________ (werden) drei Container mit 29 000 farbigen (3) ____________ (Gummitier) ins Meer gespült. Wenn die gelben Enten, blauen Schildkröten und grünen (4) ____________ (Frosch) sprechen könnten, würden sie unglaubliche Geschichten erzählen: vom Sturz ins Wasser, von starken Meeresströmungen oder vom Eis in Alaska, von (5) ____________ (groß) Hitze in der Südsee, über die (6) ____________ (haushoch) Wellen im Atlantik. Auch heute noch schwimmen die Gummitiere weiter in den Ozeanen.

   ____ von 3 P

3. Ergänze sinnvoll.
   Beachte das Beispiel (0).

   (0) Amir besucht einen Kletterkurs, damit …

   er im Sommer mit seinen Freunden eine Bergtour machen kann.

(1) Anna geht gerne an den See, weil …

____

____

(2) Cara hat gestern an der Müllsammelaktion teilgenommen, obwohl …

____

____

(3) Mehmet sieht den Müll auf dem Pausenhof und denkt, dass …

____

____

____ von 3 P

4. Setze die fehlenden Satzzeichen.
   In Sabrinas Klasse fehlt die Plastiktonne deshalb klingelt sie beim Hausmeister Sie stellt die Frage: Können wir bitte einen neuen Abfalleimer für Plastik bekommen

____ von 2 P

Rechtschreiben

Prüflinge mit anerkannter Rechtschreibstörung, die Notenschutz gemäß § 34 BaySchO beanspruchen, bearbeiten die Aufgaben aus Teil B Sprachgebrauch – Rechtschreiben nicht.

5. Groß oder klein? Unterstreiche die richtige Schreibweise.
   Beachte das Beispiel (0).

   In den (0) *Letzten/<u>letzten</u>* Jahren setzten sich auch in Deutschland viele (1) *Junge/junge* Menschen für den Schutz von Natur und Umwelt ein. Dabei nahmen sie an zahlreichen Aktionen für die Umwelt (2) *Teil/teil*. Dieses enorme Engagement macht einen Großteil der Eltern (3) *Stolz/stolz* und bringt Politiker zum (4) *Nachdenken/nachdenken*. Der Umweltschutz erfordert rechtzeitiges (5) *Handeln/handeln*, damit auch zukünftige Generationen gut (6) *Leben/leben* können.

____ von 3 P

6. Korrigiere den Text. Streiche die **vier** falsch geschriebenen Wörter durch und schreibe sie wie im Beispiel richtig auf die Zeile rechts daneben.

Die Baumpflanzaktion

Schon ~~wehrend~~ der Planung eines Projekttages — während
enstehen viele gute Ideen. Ein wichtiger Schritt für ____
einen erfolkreichen Projekttag ist eine durchdachte ____
Organisation. Die einzelnen Klassen entwickeln ____
eigene Forschläge und tragen diese in eine Liste ____
ein. Wenn die Liste volständig ist, können sich die ____
Schülerinnen und Schüler für eine Projektgruppe ____
entscheiden. ____

____ von 2 P

Erreichte Gesamtpunktzahl: ____ von 15 P

Teil C: Lesen

Müll – der achte Kontinent

Man stelle sich eine Fläche von der Größe Mitteleuropas vor – ausschließlich bestehend aus Abfall. Fast so groß wie ein ganzer Kontinent ist die Menge an Müll, die wir bis heute im Meer entsorgt haben.

Der „achte Kontinent“ wächst täglich. Im windstillen Teil des Pazifischen Ozeans gelegen, ist er in etwa so groß wie Mitteleuropa, vielleicht auch zweimal so groß. So genau weiß das niemand. Was bekannt ist: Er ist hässlich, giftig und gefährlich. Denn der achte Kontinent besteht nur aus Abfall, aus Millionen und Abermillionen Tonnen Wohlstandsmüll, der sich durch die Meeresströmung hier ansammelt. Das ist wie eine wortlose Anklage an die gedankenlose Wegwerfmentalität vor allem in den Industrieländern.

Weltweit verschmutzen mehr als 100 Millionen Tonnen Plastikmüll die Ozeane, schätzt das Umweltprogramm der Vereinten Nationen (UNEP). Mindestens 6,4 Millionen Tonnen Plastikmüll gelangen jedes Jahr neu in die Meere. Betroffen sind alle Regionen, selbst in der bislang gering belasteten arktischen Tiefsee werden steigende Mengen registriert.

Rund 20 Prozent stammen von Schiffen, 80 Prozent vom Festland. Einleitungen von Industrie und Landwirtschaft bereiten die größten Probleme. Auch Winde transportieren beträchtliche Abfallmengen, beispielsweise aus offenen Deponien, wie sie in Großbritannien und den Niederlanden noch immer zu finden sind. Auch Hochwasser und Fluten schwemmen Müll und Schadstoffe in großen Mengen in die Ozeane. Nicht zu vergessen ist der Tourismus-Müll, mit dessen fachgerechter Entsorgung viele Urlaubsländer schlichtweg überfordert sind.

Treibende Verpackungen und anderer Plastikmüll sind nicht nur ein optisches Ärgernis oder lösen kurzzeitig Unbehagen aus, wenn sich beim Baden im Mittelmeer wieder eine ausgefranste Plastiktüte um die Beine wickelt. Plastik ist extrem langlebig, bis zur vollständigen Zersetzung können 500 Jahre vergehen. Als besonders problematisch werden Plastiktüten und winzige Plastikkugeln angesehen, die z. B. in Peelingprodukten und Duschgels enthalten sind. Sie seien oft so klein, dass Kläranlagen sie nicht herausfiltern könnten, heißt es. In vielen Kunststofferzeugnissen befinden sich Giftstoffe wie Weichmacher, die in großen Mengen in die Meere gelangen.

Zunächst beeinträchtigt das die Pflanzen- und Tierwelt im Wasser: Die Tiere sehen den Müll nicht, verfangen sich darin oder verletzen sich tödlich. Zudem verwechseln sie den zu Granulat verkleinerten Müll mit Nahrung. Doch der Stoff ist unverdaulich, so dass die Tiere im schlimmsten Fall mit einem Magen voller Plastik verhungern. Letztlich aber schädigt sich der Mensch selbst. „Die im Plastik gebundenen Gifte werden mit jeder Fischmahlzeit aufgenommen“, sagt Kim Detloff vom Naturschutzbund (NABU). „Die Gifte landen auf unserem Teller.“

Um die Verschmutzung der Meere zu stoppen, startete der NABU in Deutschland die Initiative „Fishing for Litter“: Fischer an der Nord- und Ostsee werfen mülligen „Beifang“ nicht ins Meer zurück, sondern sammeln diesen an Bord in großen Industriesäcken, die in den Häfen in speziellen Containern abgelegt werden. Mit einem flächendeckenden „Fishing for Litter“-System kann man rund zehn Prozent des Jahreseintrages herausfischen. Bei rund 20 000 Tonnen Müll – nicht nur Plastik –, die jährlich allein in der Nordsee landen, wären das immerhin ca. 2 000 Tonnen.

Sollte es gelingen, auch andere Länder an Nord- und Ostsee für die Idee zu gewinnen, käme man einer wirksamen Reinigung beider Meere einen großen Schritt näher.

Allen bereits in den Meeren vorhandenen Müll wieder herauszufischen, halten die meisten Experten für eine Illusion. Ein erster Schritt ist, die Neueinträge drastisch zu senken, indem man zum Beispiel den Verpackungsmüll reduziert. Denn laut Bundesumweltamt verbraucht jeder Deutsche im Schnitt 71 Plastiktüten im Jahr. Benjamin Bongardt vom NABU meint: „Es kann nicht sein, dass Plastiktüten etwa in Kaufhäusern oder Bekleidungsläden kostenlos abgegeben werden." Auch in der Politik ist diese Diskussion angekommen.

Jochen Clemens, 13.07.2013; https://www.welt.de/dieweltbewegen/sonderveroeffentlichungen/nachhaltigeverpackungen/article118387922/Der-achte-Kontinent-besteht-aus-Muell.html

Arbeitsaufträge

1. Richtig, falsch? Kreuze an (✗).

	richtig	falsch
Der „achte Kontinent" liegt im Pazifik.	☒	☐
Der meiste Müll stammt von Schiffen.	☐	☐
Einige Urlaubsländer schaffen es nicht, den Tourismus-Müll fachgerecht zu beseitigen.	☐	☐
Plastikmüll ist in kurzer Zeit biologisch abbaubar.	☐	☐
Meerestiere können mit vollem Magen verhungern.	☐	☐
Durch „Fishing for Litter" kann die gesamte Nord- und Ostsee gereinigt werden.	☐	☐
Bongardt kritisiert, dass man beim Einkaufen für Plastiktüten häufig nicht bezahlen muss.	☐	☐

_____ von 3 P

2. Ordne die Aussagen (a–j) den Textabschnitten (1–7) zu. Eine Aussage ist bereits zugeordnet (G). Eine Aussage passt nicht. Trage die Lösungen in die Tabelle ein.

Zeile 1–3	**0**
Zeile 4–9	1
Zeile 10–13	2
Zeile 14–19	3
Zeile 20–26	4
Zeile 27–32	5
Zeile 33–40	6
Zeile 41–46	7

a	Der „achte Kontinent“ besteht aus Müll und wird immer größer.
b	Seit einiger Zeit sind Fischer bereit, Müll aus Nord- und Ostsee mit an Land zu nehmen.
c	Der Müll kommt auf verschiedenen Wegen ins Meer.
d	Wegen Verletzungsgefahr durch Müll ist das Baden im Mittelmeer verboten.
e	Die Meere sind durch riesige Mengen Plastikmüll verschmutzt.
f	Der Plastikmüll im Meer ist eine Gefahr für Pflanzen, Tiere und Menschen.
g	**Die Müllmenge im Meer hat ungefähr die Größe eines Kontinents.**
h	Ein sparsamer Umgang mit Verpackungsmaterial trägt dazu bei, dass weniger Müll in die Meere gelangt.
j	Es kann Hunderte von Jahren dauern, bis Plastik sich ganz auflöst.

0	1	2	3	4	5	6	7
g							

_____ von 4 P

3. Die folgenden Aussagen stimmen nicht mit dem Inhalt des Textes (vgl. Zeilen 4–9) überein. Korrigiere die Aussagen, indem du zwei falsche Wörter durchstreichst und das jeweils richtige Wort darüber schreibst.

achte

Der ~~neunte~~ Kontinent wird ständig größer. Er ist inzwischen mindestens zweimal so groß

wie Mitteleuropa und besteht aus einer Ansammlung von Wertgegenständen. Vor allem die Industrieländer tragen zum Wachsen des Kontinents bei.

____

____ von 2 P

4. Woher stammt der Müll des „achten Kontinents"? Ergänze das Cluster. Beziehe dich dabei auf den Text.

Müll gelangt ins Meer durch …

- Landwirtschaft
-
-
-
-

____ von 2 P

5. Kreuze die zwei richtigen Aussagen an.

Im Text wird erklärt, dass Plastikkügelchen ein besonderes Problem sind, weil …

☐ Kläranlagen diese nicht filtern können.
☐ Kleinkinder sie verschlucken können.
☐ sie giftig sein können.
☐ sie sich im Meer schnell auflösen können.
☐ sie die Kläranlage sofort zerstören.

____ von 1 P

6. Nenne stichpunktartig eine Auswirkung, die die Verschmutzung der Meere auf die Tiere hat. Gib die entsprechenden Zeilen dazu an.

____ Z. ________

____ von 1 P

7. „Die Gifte landen auf unserem Teller.“ (Zeile 32)
   Belege diese Aussage, indem du das Flussdiagramm in kurzen Sätzen oder stichpunktartig beschriftest.

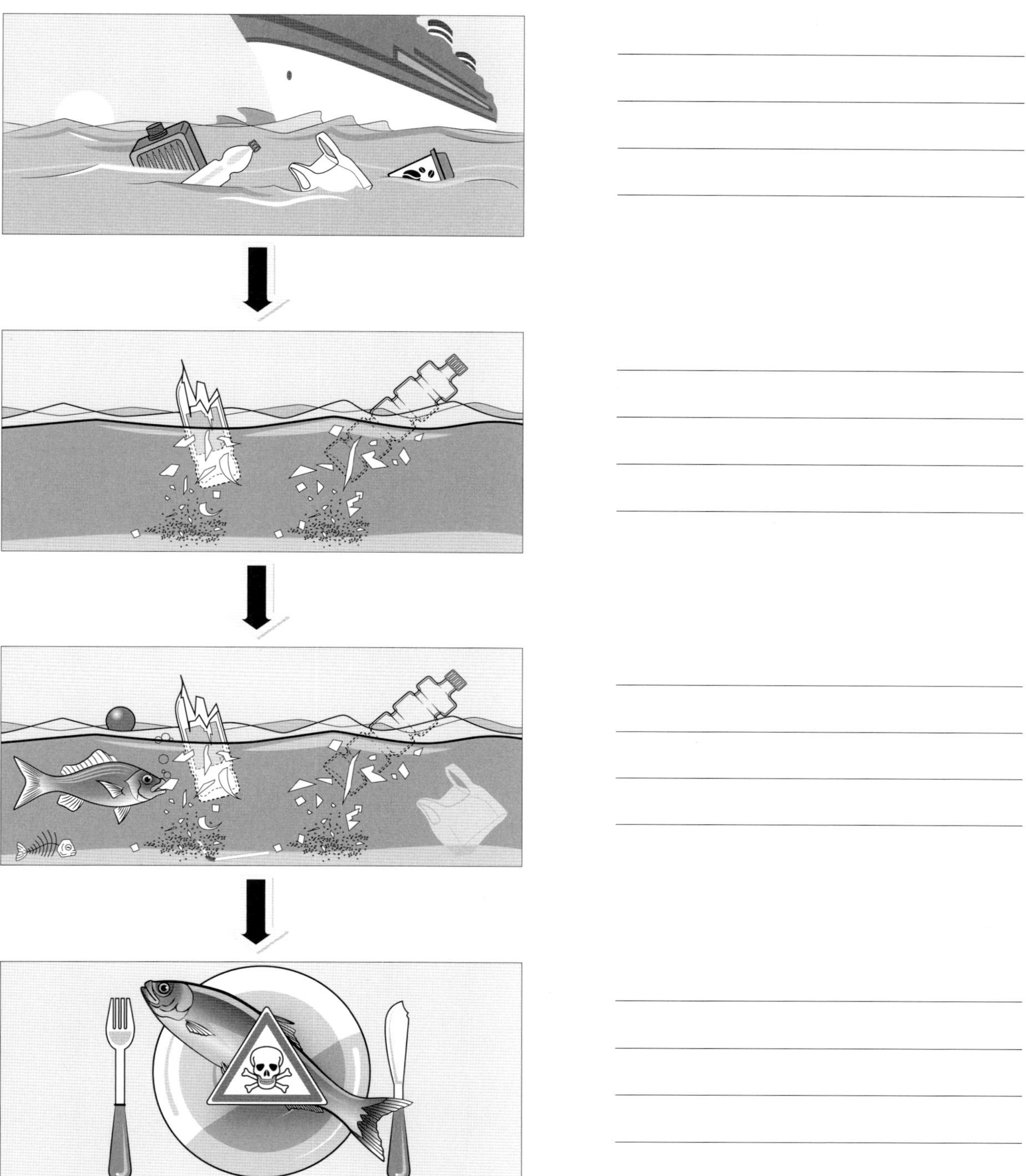

Quelle: eigene Darstellung

____ von 2 P

Erreichte Gesamtpunktzahl: ____ von 15 P

Teil D: Schreiben

Wähle eine Aufgabengruppe – A oder B – aus.

Aufgabengruppe A

1. Betrachte Abbildung M 1.

Schüler der Astrid-Lindgren-Schule säubern die Umwelt

M 1

Quelle:© Wavebreak Media Ltd/123rf

a) Beschreibe die Abbildung (M 1).

____

____

____

____

____

____

Inhalt: ____ von 1 P

Sprache: ____ von 1 P

b) Die Umwelt säubern? Mittelschüler meinen: „Das sollten wir eigentlich jede Woche machen.“ Hältst du diese Idee für sinnvoll? Nimm dazu Stellung (ca. 50 Wörter).

____

____

____

Inhalt: ____ von 3 P

Sprache: ____ von 3 P

c) Erkläre anhand eines konkreten Beispiels, wie du selbst in deinem Alltag zum Umweltschutz beitragen kannst.

Inhalt: ____ von 1 P

Sprache: ____ von 1 P

2. Deine Klasse wünscht sich einen schöneren Pausenhof. Überzeuge deine Schulleitung in einem Brief (ca. 150 Wörter) davon, mindestens drei Veränderungen oder Verbesserungen nach euren Wünschen umzusetzen.

Inhalt: ____ von 10 P

Sprache: ____ von 10 P

Erreichte Gesamtpunktzahl: ____ von 30 P

Aufgabengruppe B

1. Lies das Zitat (M 2) und betrachte die Abbildung (M 3).

M 2

„Natürlich interessiert mich die Zukunft.
Ich will schließlich den Rest meines Lebens darin verbringen.“
(Mark Twain)

M 3

Quelle: © ClipDealer/pryzmat

a) Erkläre das Zitat (M 2) mit eigenen Worten.

____

____

____

____

____

____

Inhalt: _____ von 1 P

Sprache: _____ von 1 P

b) Beschreibe die Abbildung (M 3).

____

____

____

____

____

____

Inhalt: _____ von 1 P

Sprache: _____ von 1 P

c) Stelle einen Bezug zwischen dem Zitat (M 2) und der Abbildung (M 3) her und formuliere in einem zusammenhängenden Text deine Gedanken (z. B. Erfahrungen, Meinung, Haltung) dazu (ca. 50 Wörter).

Inhalt: ____ von 3 P

Sprache: ____ von 3 P

2. Du nimmst an einem Schreibwettbewerb zu folgendem Thema teil:

Die Natur – ein Geschenk für mich

Verfasse einen zusammenhängenden Text (ca. 150 Wörter), in dem du deine Gedanken, Erlebnisse, Gefühle, … ausdrückst.

Inhalt: ____ von 10 P

Sprache: ____ von 10 P

Erreichte Gesamtpunktzahl: ____ von 30 P

Lösungsvorschläge

Teil A: Zuhören

Hörtext 1

Frau Steiner	Hör mal zu, was ich hier gefunden habe: Das Referat muss ausgedruckt werden und der Drucker streikt. Die Gäste kommen in ein paar Stunden und der Mixer funktioniert nicht mehr. Kennen Sie das auch? Und was nun? Ein neues Gerät anschaffen? Nicht so schnell! Viel zu viele Geräte landen vorschnell auf der Müllhalde, obwohl sie gar nicht kaputt sind. Bevor Ihr Elektrogerät sein Leben auf dem Müll beendet, hat es noch eine Chance bei uns verdient. Wir sind montags bis samstags von 9:00 bis 13:00 Uhr und dienstags bis freitags von 15:00 bis 19:00 Uhr in unserer Werkstatt. In dieser Zeit werden wir mit Ihnen zusammen versuchen, Ihr Gerät zu reparieren. Bei jedem zweiten Gerät gelingt das auch. Sie bezahlen pauschal nur 5 Euro pro Stunde. Ein ganzer Tag bei uns kostet Sie 25 Euro. Dafür können Sie … • unsere Werkstatt benutzen. • das Werkzeug verwenden. • mit drei Elektrikern zusammenarbeiten. Sogar an Sonn- und Feiertagen bieten wir einen Notdienst-Service für 7,50 Euro pro Stunde an. Ersatzteile für Ihre Elektrogeräte erhalten Sie auch bei uns. Gängige Teile haben wir auf Lager, spezielle können wir rasch für Sie bestellen. Also erst mal zu uns, denn neu kaufen ist garantiert teurer.

Aufgabe zu Hörtext 1

Hinweis: *Überlege dir bereits vor dem Anhören des Textes, welche Antworten logisch wären. Bei Frage 1 musst du z. B. darauf achten, welche Wochentage genannt werden. Bei Frage 2 wird eine Geldsumme genannt. Das erleichtert dir, die richtigen Informationen aus dem Text herauszuhören.*

(1) **dienstags bis freitags/dienstags – freitags/Dienstag, Mittwoch, Donnerstag, Freitag**

Hinweis*: Im Hörtext heißt es: „Wir sind […] dienstags bis freitags von 15:00 bis 19:00 Uhr in unserer Werkstatt.“*

(2) **5 Euro/5 €/fünf Euro**

Hinweis*: Im Hörtext wird gesagt: „Sie bezahlen pauschal nur 5 Euro pro Stunde.“*

(3) **(mit drei) Elektrikern**

Hinweis: Im Hörtext wird gesagt: „Dafür können Sie […] mit drei Elektrikern zusammenarbeiten."

(4) **(der) Notdienst(-Service)**

Hinweis: Im Hörtext heißt es: „Sogar an Sonn- und Feiertagen bieten wir einen Notdienst-Service für 7,50 Euro pro Stunde an."

(5) **spezielle (Ersatzteile) (für Elektrogeräte)**

Hinweis: Im Hörtext wird gesagt: „Ersatzteile für Ihre Elektrogeräte erhalten Sie auch bei uns. Gängige Teile haben wir auf Lager, spezielle können wir rasch für Sie bestellen."

Hörtext 2

Chiara	Papa, was machst du da? Deine Hände sind ja voller Farbe.
Herr Nowak	Ich versuche, den Drucker zu reparieren, aber das ist nicht so einfach, wie ich dachte.
Chiara	Manchmal hilft es auch, ihn einfach aus- und wieder einzuschalten. Oder den Stecker zu ziehen.
Herr Nowak	Was soll das bringen, Chiara?
Chiara	Bei meinem Computer funktioniert das. Ich dachte ja nur … Liegt es dann vielleicht an den Patronen?
Herr Nowak	Die Farbpatrone ist noch voll und die schwarze habe ich gerade gewechselt, wie man ja an meinen Händen sehen kann. Im Handbuch steht auch nichts, was mir weiterhilft.
Chiara	Hast du denn den Drucker schon gereinigt?
Herr Nowak	Ja, aber das hat auch nicht geholfen.
Chiara	Das Verbindungskabel hast du aber überprüft, oder?
Herr Nowak	Das war das Erste, was ich gemacht habe. Auch das Papierfach habe ich aufgefüllt.
Chiara	Es kann doch nicht sein, dass wir schon wieder einen neuen Drucker brauchen. Den hier haben wir erst seit zwei Jahren. Moment, da muss doch noch Garantie drauf sein.
Herr Nowak	Leider nicht. Das habe ich eben nachgeschaut. Die zweijährige Garantie ist seit drei Wochen abgelaufen. Wie kann es auch anders sein.

Chiara	Ist das ärgerlich. Dann landet dieser Drucker wahrscheinlich auch wieder auf dem Müll. So viel zum Thema Müllvermeidung.
Herr Nowak	Vielleicht lässt sich das ja doch verhindern. Mal sehen, was sich da noch machen lässt.

Aufgabe zu Hörtext 2

Hinweis: *Im Hörtext werden oft Wörter aus mehreren Antwortmöglichkeiten verwendet. Du musst also genau hinhören, bei welchen Möglichkeiten auch wirklich der Sinn der Antwort mit dem Text übereinstimmt.*

(1) Chiara empfiehlt dem Vater, …

- ☐ den Computer länger auszuschalten.
- ☒ den Stecker herauszuziehen.
- ☐ einen neuen Drucker zu kaufen.

Hinweis: *Im Hörtext sagt Chiara: „Manchmal hilft es auch […] den Stecker zu ziehen."*

(2) Herr Nowak hat schon …

- ☐ in der Werkstatt angerufen.
- ☒ im Handbuch nachgeschaut.
- ☐ alle Patronen gewechselt.

Hinweis: *Im Hörtext sagt Herr Nowak: „Im Handbuch steht auch nichts, was mir weiterhilft."*

(3) Herr Nowak hat auch bereits überprüft, ob …

- ☐ ein Fach geöffnet ist.
- ☐ ein Papierstau vorliegt.
- ☒ das Verbindungskabel angeschlossen ist.

Hinweis: *Im Hörtext antwortet Herr Nowak auf Chiaras Frage, ob er das Verbindungskabel überprüft habe: „Das war das Erste, was ich gemacht habe."*

(4) Die Garantie ist abgelaufen seit …

- ☐ drei Tagen.
- ☒ drei Wochen.
- ☐ drei Monaten.

Hinweis: *Im Hörtext sagt Herr Nowak: „Die zweijährige Garantie ist seit drei Wochen abgelaufen."*

(5) Herr Nowak möchte den Drucker selbst reparieren, um …

- [x] Müll zu reduzieren.
- [ ] Geldausgaben zu vermeiden.
- [ ] sich den Weg zur Werkstatt zu sparen.

Hinweis: *Im Hörtext sagt Herr Nowak zu Chiaras Vermutung, dass der Drucker auf dem Müll landen wird: „Vielleicht lässt sich das ja doch verhindern."*

Hörtext 3

Technik-lehrerin Frau Berg	Wisst ihr, was eine durchschnittliche Familie pro Jahr an Edelmetallen wegwirft?
Schüler im Hintergrund	Es wirft doch niemand einfach Edelmetalle weg. Ja, genau.
Technik-lehrerin Frau Berg	Ihr glaubt es vielleicht nicht, aber in einer Tonne alter Handys stecken eine ganze Menge wertvoller Metalle. Allein vom Kupfer, das ihr ja als hervorragenden Wärme- und Stromleiter kennt, sind circa 92 Kilogramm darin enthalten. Aber auch vom Silber sind es zweieinhalb Kilo. Außerdem befinden sich in einer Tonne alter Handys auch einige andere teure Rohstoffe und sogar 240 g Gold.
Schüler im Hintergrund	Was, echt? Gold?
Technik-lehrerin Frau Berg	Wenn man das alles zusammenrechnet, kommt man auf einen Gesamtwert von ungefähr 10 000 Euro. Ihr merkt also, dass man mit diesem Elektroschrott richtig Geld verdienen könnte. Aber leider landen 95 % der Handys in Deutschland nicht im Recycling. Ich wette, bei euch zu Hause liegen auch noch ein paar alte Handys in irgendwelchen Schubladen.
Schüler im Hintergrund	Stimmt, wir haben sicher noch zwei zu Hause. Ja, kann gut sein. Ich auch.
Technik-lehrerin Frau Berg	Bei unserer Sammelaktion für die Projektwoche wurden schon 32 defekte Elektrogeräte gesammelt. Das ist sehr erfreulich! Ich möchte nun während der Projektwoche eine Recycling-Werkstatt anbieten. Dort werde ich euch zeigen, wo sich die recyclebaren Bestandteile verstecken. Einige davon werden wir ausbauen. Am Ende der Projektwoche, nämlich nächsten Freitag, eröffnen wir dann unsere Recycling-Ausstellung, zu der wir auch eure Eltern einladen werden. Da demonstrieren wir dann, wie wichtig es ist, Rohstoffe wiederzuverwerten. Ziel ist es, dass danach weniger Geräte im Hausmüll landen und stattdessen recycelt werden. Der Anfang ist ja schon gemacht! Danke, dass einige von euch bereits alte Geräte mitgebracht haben. Dann können wir gleich loslegen! Auf geht's …

Aufgabe zu Hörtext 3

Hinweis: *Hier solltest du dir auch wieder vor dem Anhören überlegen, auf welche Antworten du dich einstellen kannst. Bei Lücke 1 und 3 wirst du z. B. sicher eine Zahl einsetzen müssen. Bei Lücke 2 wird wahrscheinlich ein Beispiel für einen Rohstoff genannt.*

Für die Projektwoche wurden schon viele defekte (0) **Elektrogeräte** gesammelt. In einer Tonne alter Handys sind circa (1) **92/zweiundneunzig** Kilogramm Kupfer enthalten. Außerdem befinden sich darin auch andere teure Rohstoffe, z. B. (2) **Silber** und Gold.
Wenn man den Gesamtwert der wertvollen Rohstoffe zusammenrechnet, kommt man ungefähr auf (3) **10 000/zehntausend** Euro.
Im (4) **Recycling** landen trotzdem 95 % der alten Handys nicht. Die Techniklehrerin möchte während der Projektwoche zeigen, wo sich die recycelbaren (5) **Bestandteile** verstecken.

Teil B: Sprachgebrauch

Sprachbetrachtung

1. Immer mehr Menschen wollen nachhaltiger leben. Deshalb versuchen sie, im Alltag möglichst wenig Müll zu (0) **produzieren**.
   Sie nehmen z. B. eigene Behältnisse zum Einkaufen mit oder nutzen (1) **unterschiedliche** Pfandsysteme.
   Wenn sich Müll nicht ganz (2) **vermeiden** lässt, sollten aus dem Abfall wertvolle Rohstoffe (3) **gewonnen** werden. So kann man den Verbrauch von (4) **natürlichen** Ressourcen senken. Das tut Mensch und Umwelt gut.

   Hinweis: *Das Wort in Klammern muss immer verändert werden. Solltest du ein Verb einsetzen, muss es gebeugt werden (Vermeidung → vermeiden → vermieden/Gewinn → gewinnen → gewonnen). Adjektive, die vor einem Nomen stehen, müssen an ihr Bezugswort angepasst werden (Unterschied → unterschiedlich → unterschiedliche/Natur → natürlich → natürliche).*

2. **Plastik-Enten auf Reisen**
   Im Jahr 1992 (0) **geriet** ein Schiff auf (1) **dem** Weg von Hongkong nach Amerika in einen Sturm. Dabei (2) **wurden** drei Container mit 29 000 farbigen (3) **Gummitieren** ins Meer gespült. Wenn die gelben Enten, blauen Schildkröten und grünen (4) **Frösche** sprechen könnten, würden sie unglaubliche Geschichten erzählen: vom Sturz ins Wasser, von starken Meeresströmungen oder vom Eis in Alaska, von (5) **großer/größter** Hitze in der Südsee, über die (6) **haushohen** Wellen im Atlantik. Auch heute noch schwimmen die Gummitiere weiter in den Ozeanen.

   Hinweis: *Bei dieser Aufgabe ist es hilfreich, wenn du zuerst bestimmst, um welche Wortart es sich bei den Wörtern in Klammern handelt: Nomen, Verb, Begleiter, Adjektiv oder anderes? Verben musst du beugen (werden → wurden). Bei Nomen musst du entscheiden, ob sie im Singular oder Plural verwendet werden und ob du die Endungen vielleicht anpassen musst (Gummitier → Gummitieren/Frosch → Fröschen). Die Artikel musst du in den richtigen Fall setzen (der → dem). Adjektive musst du an ihr Bezugswort anpassen (groß → große/haushoch → haushohen).*

3. (1) Anna geht gerne an den See, weil **sie gerne schwimmt**.

   (2) Cara hat gestern an der Müllsammelaktion teilgenommen, obwohl **sie lieber Fußball gespielt hätte**.

   (3) Mehmet sieht den Müll auf dem Pausenhof und denkt, dass **man ihn einsammeln sollte**.

   Hinweis: *„Weil", „obwohl" und „dass" leiten Nebensätze ein. Du musst das konjugierte (gebeugte) Verb also ans Satzende stellen.*

4. In Sabrinas Klasse fehlt die Plastiktonne **,** deshalb klingelt sie beim Hausmeister **.** Sie stellt die Frage: **„** Können wir bitte einen neuen Abfalleimer für Plastik bekommen **?“**

   Hinweis: *Vor „deshalb“ steht ein Komma, da hier ein weiterer Hauptsatz beginnt. Am Ende steht eine direkte Frage. Du musst also Anführungszeichen und ein Fragezeichen setzen.*

Rechtschreiben

5. In den (0) *Letzten/letzten* Jahren setzten sich auch in Deutschland viele (1) *Junge/junge* Menschen für den Schutz von Natur und Umwelt ein. Dabei nahmen sie an zahlreichen Aktionen für die Umwelt (2) *Teil/teil*. Dieses enorme Engagement macht einen Großteil der Eltern (3) *Stolz/stolz* und bringt Politiker zum (4) *Nachdenken/nachdenken*. Der Umweltschutz erfordert rechtzeitiges (5) *Handeln/handeln*, damit auch zukünftige Generationen gut (6) *Leben/leben* können.

   Hinweis: *Das Wort „junge“ ist hier ein Adjektiv, bezieht sich auf „Menschen“ und wird deshalb kleingeschrieben. Das Wort „teil“ ist vom Verb „teilnehmen“ abgetrennt und wird daher kleingeschrieben. Das Wort „stolz“ ist hier ein Adjektiv und wird deshalb kleingeschrieben. „Nachdenken“ und „handeln“ sind Verben, die hier aber wie Substantive verwendet und deshalb großgeschrieben werden. Das Verb „leben“ steht hier im Infinitiv mit Bezug zum Verb „können“ und wird kleingeschrieben.*

6. **Die Baumpflanzaktion**

Schon ~~wehrend~~ der Planung eines Projekttages	während
~~enstehen~~ viele gute Ideen. Ein wichtiger Schritt für	**entstehen**
einen ~~erfolkreichen~~ Projekttag ist eine durchdachte	**erfolgreichen**
Organisation. Die einzelnen Klassen entwickeln	
eigene ~~Forschläge~~ und tragen diese in eine Liste	**Vorschläge**
ein. Wenn die Liste ~~volständig~~ ist, können sich die	**vollständig**
Schülerinnen und Schüler für eine Projektgruppe	
entscheiden.	

   Hinweis: *Das Verb „entstehen“ beginnt mit der Vorsilbe ent-. „Erfolgreich“ kommt vom Wort „Erfolg“ und wird deshalb mit g geschrieben. Das Wort „Vorschläge“ ist mit dem Verb „vorschlagen“ verwandt und wird deshalb mit v geschrieben. In „vollständig“ wird das o kurz gesprochen, weswegen danach zwei l stehen.*

Teil C: Lesen

1. *Hinweis: In den folgenden Zeilen kannst du der Reihe nach überprüfen, ob die Aussagen richtig oder falsch sind: Z. 4, Z. 14, Z. 18/19, Z. 22/23, Z. 29/30, Z. 36/37, Z. 44–46*

	richtig	falsch
Der meiste Müll stammt von Schiffen.	☐	☒
Einige Urlaubsländer schaffen es nicht, den Tourismus-Müll fachgerecht zu beseitigen.	☒	☐
Plastikmüll ist in kurzer Zeit biologisch abbaubar.	☐	☒
Meerestiere können mit vollem Magen verhungern.	☒	☐
Durch „Fishing for Litter" kann die gesamte Nord- und Ostsee gereinigt werden.	☐	☒
Bongardt kritisiert, dass man beim Einkaufen für Plastiktüten häufig nicht bezahlen muss.	☒	☐

2. *Hinweis: Lies zuerst die Aussagen in der rechten Spalte. Anschließend liest du die einzelnen Textabschnitte noch einmal und ordnest ihnen die jeweils passende Aussage zu. Aussage d bleibt übrig.*

1	2	3	4	5	6	7
a	**e**	**c**	**j**	**f**	**b**	**h**

3. *Hinweis: Lies die in der Aufgabenstellung angegebenen Zeilen noch einmal und vergleiche die Informationen dann mit dem Text in der Aufgabe.*

   Der **achte** Kontinent wird ständig größer. Er ist inzwischen **vielleicht** zweimal so groß wie Mitteleuropa und besteht aus einer Ansammlung von **Wohlstandsmüll**. Vor allem die Industrieländer tragen zum Wachsen des Kontinents bei.

4. *Hinweis: Die Herkunft des Mülls wird in den Zeilen 14 bis 19 beschrieben.*

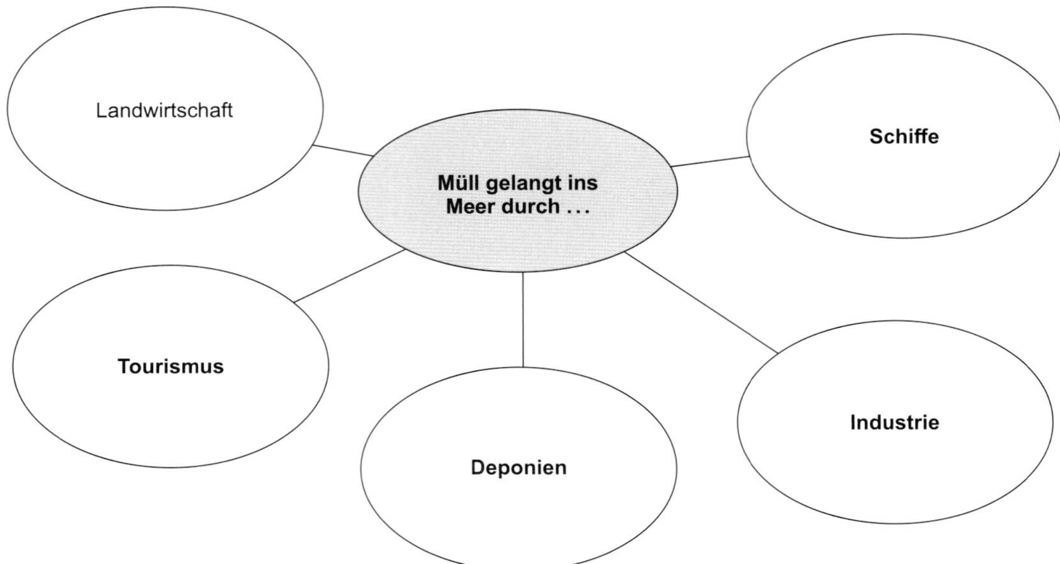

Hinweis: Weitere Lösungsmöglichkeiten sind: Hochwasser, Fluten und Winde.

5. Im Text wird erklärt, dass Plastikkügelchen ein besonderes Problem sind, weil ...
   - [x] Kläranlagen diese nicht filtern können.
   - [ ] Kleinkinder sie verschlucken können.
   - [x] sie giftig sein können.
   - [ ] sie sich im Meer schnell auflösen können.
   - [ ] sie die Kläranlage sofort zerstören.

   Hinweis: Die Lösung zu dieser Aufgabe findest du in den Zeilen 23 bis 26.

6. *Hinweis: Mehrere Auswirkungen findest du in den Zeilen 27 bis 30.*

   Tiere verfangen sich in Müll. (Z. 30)

   Hinweis: Weitere Lösungsmöglichkeiten sind: Tiere sehen Müll nicht. (Z. 27 f.) Sie verfangen sich in Müll (Z. 28), verwechseln Müll mit Nahrung (Z. 28 f.), verhungern mit vollem Magen (Z. 29 f.) und verletzen sich tödlich (Z. 28).

7. *Hinweis: Überlege bei jedem Bild, zu welcher Information des Textes es passt.*

Plastikmüll gelangt von den Schiffen ins Meer. (Z. 14)

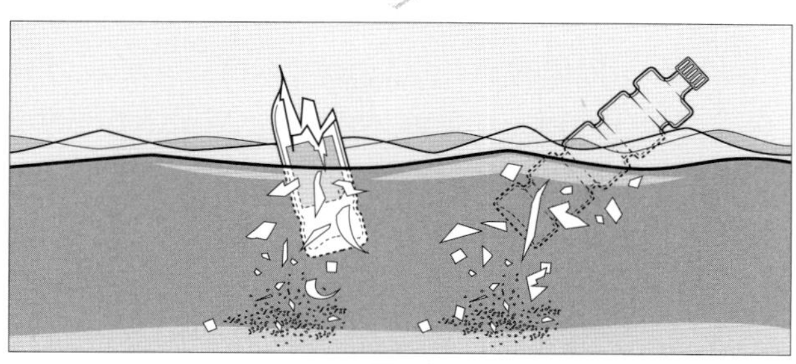

Der Plastikmüll treibt im Meer und zersetzt sich. (Z. 20–23)

Fische denken, der Müll wäre Nahrung. (Z. 28 f.)

Menschen essen Fische, die vorher giftigen Müll gefressen haben. (Z. 30 f.)

Quelle: eigene Darstellung

Teil D: Schreiben

Aufgabengruppe A

1. a) ***Hinweis:*** *Konzentriere dich bei der Beschreibung des Fotos auf den Ort, die Personen und die Aktivität.*

   Das Foto wurde in der Natur aufgenommen. Auf einer Wiese mit Bäumen sammeln fünf Schülerinnen und Schüler der Astrid-Lindgren-Schule Müll auf. Sie tragen alle das gleiche T-Shirt und sammeln die Abfälle in Säcken.

   b) ***Hinweis:*** *Du kannst bei deiner Antwort entscheiden, ob du der Aussage zustimmst oder sie ablehnst. In jedem Fall musst du deine Entscheidung aber begründen.*

   Ich denke, wir sollten die Situation so ändern, dass wir die Umwelt erst gar nicht jede Woche säubern müssen. Wir sollten Lösungen finden, damit weniger Müll entsteht und in der Natur landet. Dafür müsste aber sowohl die Industrie ihre Verpackungen ändern als auch jede einzelne Person ihr Konsumverhalten.

   c) ***Hinweis:*** *Überlege, in welchen Situationen du der Umwelt vielleicht eher schadest, und schreibe dann, was du ändern könntest, um das zu ändern.*

   Ich kann die Umwelt schützen, indem ich nicht ständig unterwegs Kaffee in Pappbechern kaufe. Wenn ich öfter zu Hause Kaffee trinke, mich ins Café setze oder einen wiederverwendbaren Kaffeebecher mitnehme, entsteht weniger Verpackungsmüll.

2. ***Hinweis:*** *Überlege dir, wie dein aktueller Pausenhof aussieht. Welche Veränderung fändest du gut? Was würde dir gefallen? Da du die Schulleitung überzeugen sollst, musst du deine Ideen auch gut begründen.*

   Sehr geehrte Frau Müller,

   meine Klasse hätte einige Ideen, um unseren Pausenhof zu verschönern. Wir hoffen, dass Sie offen für unsere Ideen sind.
   Wir finden, der Pausenhof ist im Moment sehr kahl und grau. Einige Kästen mit Pflanzen würden die Atmosphäre deutlich verbessern und einen Beitrag zum Umweltschutz leisten.
   Abgesehen davon würden wir uns über mehr Sitzgelegenheiten freuen. Auch wenn die Schülerinnen und Schüler sich in der Pause bewegen sollen, wäre es für die lange Mittagspause im Sommer schön, wenn es zum Beispiel Bänke gäbe.
   Zusätzlich sollte man über ein wenig Farbe nachdenken. Die graue Mauer um das Schulgelände würde sich gut für Graffiti eignen. Es würde die Kreativität der Schülerinnen und Schüler fördern, wenn man beispielsweise einen Workshop anbieten würde, in dem einzelne Klassen die Mauer unter Anleitung von Künstlerinnen und Künstlern besprühen könnten.
   Ich hoffe, wir können Sie mit diesem Brief überzeugen, über eine Neugestaltung des Pausenhofs nachzudenken.

   Mit freundlichen Grüßen

   Hanna Schmiedel *(155 Wörter)*

Aufgabengruppe B

1. a) *Hinweis: Lies das Zitat genau und überlege, was der Autor damit meint. Achte darauf, eigene Formulierungen zu verwenden.*

   Mit dem Zitat spricht sich Mark Twain dafür aus, heute so zu handeln, dass es keine negativen Auswirkungen auf die Zukunft hat.

   b) *Hinweis: Gehe genau darauf ein, was du auf dem Bild siehst. Beschreibe also alle Gegenstände und ihre Umgebung.*

   Auf der Abbildung sieht man eine Weltkugel, die halb geöffnet und mit Abfällen gefüllt ist. Sie liegt auf einer Wiese mit Müll.

   c) *Hinweis: Die Abbildung gibt das Thema Umweltschutz vor. Schreibe, was das Zitat damit zu tun hat und wie du zu diesem Thema stehst.*

   Genau wie im Zitat ausgedrückt, muss man heute an die Zukunft denken, damit wir und auch unsere Kinder noch ein gesundes Leben auf einem sauberen Planeten führen können. Ich denke, es ist wichtig, dass man heute die Umwelt schont, damit wir morgen in einer Welt leben können, die lebenswert ist.

2. *Hinweis: Überlege dir, was du mit der Natur verbindest. Machst du draußen Sport? Triffst du dich mit Freunden im Park? Hast du einen Hund, mit dem du viel in der Natur bist? Wenn du an persönliche Erfahrungen denkst, fällt es dir leichter, einen Text zu einem Thema zu schreiben.*

   Die Natur – ein Geschenk für mich

   Die Natur ist ein großes Geschenk für mich. Wenn ich in der Schule viel Stress habe, dann verbringe ich gerne viel Zeit draußen, um abzuschalten. Ich gehe gerne laufen oder lege mich auf eine Wiese und höre den Vögeln beim Singen zu. Ganz in der Nähe von meinem Zuhause gibt es einen See, in dem ich beim Schwimmen alles vergessen kann.
   Außerdem liebe ich das Gärtnern. Meine Eltern und ich haben auf unserem großen Balkon einige Kästen und Kübel mit verschiedenen Pflanzen und Gemüsesorten angebaut. Es macht mir Spaß, die Pflanzen zu gießen und mich um sie zu kümmern. Wenn sie wachsen und Früchte tragen, bin ich richtig stolz.
   Um auch in Zukunft die Natur genießen zu können, sollten wir auf sie achtgeben. Wir sollten keinen Müll in der Natur hinterlassen und versuchen, möglichst viele Abfälle zu recyceln. Wenn wir außerdem noch etwas gegen den Klimawandel machen, zum Beispiel selten fliegen und Auto fahren, dann bleibt uns und unseren Kindern die schöne Natur hoffentlich noch in vielen Jahren erhalten. *(169 Wörter)*

Original-Prüfungsaufgaben

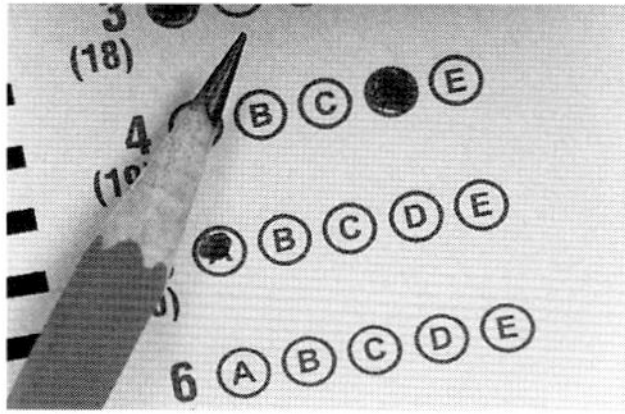

Teil A: Zuhören

Aufgabe zu Hörtext 1

Ela, Leon und Maxim berichten in der Klasse von ihren Erfahrungen und Erlebnissen im Praktikum.

Höre dir das Gespräch an und ordne die Erfahrungen und Erlebnisse den drei Jugendlichen Ela, Leon und Maxim zu.
Eine Aussage (0) ist bereits zugeordnet. Einige Aussagen passen nicht.

Ela/Leon/Maxim hat …

(0)	**das Praktikum zuerst wenig interessant gefunden.**
(1)	die alten Menschen ins Herz geschlossen.
(2)	erfahren, dass der Beruf Sauberkeit erfordert.
(3)	erlebt, dass Kunden ungeduldig waren.
(4)	von Anfang an positive Erfahrungen im Praktikum gemacht.
(5)	sich im Praktikum nicht angenommen gefühlt.
(6)	erfahren, dass Team- und Konfliktfähigkeit wichtig sind.
(7)	im Praktikum jeden Tag dasselbe gemacht.
(8)	eine Kundenberatung erfolgreich durchführen können.

Leon	**0**		____ von 1 P
Ela			____ von 2 P
Maxim			____ von 2 P

____ **von 5 P**

Aufgabe zu Hörtext 2

An der Schule findet ein „Tag der Wertschätzung“ statt. Die SMV hat dafür eine Lesung mit der Autorin Melina D. Genter aus dem Landkreis organisiert. Frau Genter liest aus dem ersten Kapitel ihres Buches „Augenhöhe, Herzenstiefe“ vor.

Höre der Autorin genau zu.
Kreuze während des Hörens die richtige Lösung an.
Eine Lösung (0) ist bereits angekreuzt.

(0) Als die Autorin mit ihrem Buch begann, hat sie …

- [x] eine Geschichte gelesen.
- [ ] einige Personen interviewt.
- [ ] bei der Zeitung nachgefragt.

(1) In der Bundeshauptstadt Berlin fand zu dieser Zeit …

- [ ] das europäische Straßenkunstfestival statt.
- [ ] das Berliner Filmfest statt.
- [ ] das deutsche Festival für Bühnenkunst statt. ____ von 1 P

(2) Für eine Kunstaktion stellte ein Künstler am Alexanderplatz …

- [ ] ein mit Straßenkreide gemaltes Bild aus.
- [ ] kleine Leinwände auf.
- [ ] ein großes Plakat für eine Mitmachaktion auf. ____ von 1 P

(3) Der Künstler machte diese Aktion, weil er …

- [ ] wissen wollte, wer seine Bilder kennt.
- [ ] viel Geld verdienen wollte.
- [ ] mit Menschen über Kunst sprechen wollte. ____ von 1 P

(4) Am Ende des Tages hatte der Künstler …

- [ ] weniger als 40 Euro gesammelt.
- [ ] mehr als 80 Euro gesammelt.
- [ ] genau 20 Euro gesammelt. ____ von 1 P

(5) Die Autorin erkannte durch diese Geschichte, dass Menschen …

- [ ] nicht mehr bereit sind, viel Geld für Kunst zu bezahlen.
- [ ] nur noch selten Kunstfestivals besuchen.
- [ ] sich kaum Zeit für die kleinen Dinge des Lebens nehmen. ____ von 1 P

____ **von 5 P**

Aufgabe zu Hörtext 3

Die Autorin Melina D. Genter wird im Anschluss an ihre Lesung vom Schülersprecher interviewt.

Höre genau zu und beantworte die Fragen mit Kurzantworten (ein bis fünf Wörter oder Zahlen). Eine Frage (0) ist bereits beantwortet.

(0) Wie lautet der Titel des vorgestellten Buches?

Augenhöhe, Herzenstiefe

(1) Wer hat die Autorin zum Schreiben des Buches angeregt?

____

____ von 1 P

(2) Was wollte die Autorin mit dem Titel bei ihrer Leserschaft erreichen?

____

____ von 1 P

(3) Was kann einem selbst mit Wertschätzung, Respekt und Achtsamkeit gelingen?

____

____ von 1 P

(4) Was braucht man, um andere Menschen wertschätzen zu können?

____

____ von 1 P

(5) Wodurch kommt Wertschätzung vor allem zum Ausdruck?

____

____ von 1 P

____ **von 5 P**

Erreichte Gesamtpunktzahl: ____ von 15 P

Teil B: Sprachgebrauch

Sprachbetrachtung

1. Setze jeweils ein Wort (Nomen, Verb oder Adjektiv) in der richtigen Form ein, das mit dem Wort in Klammern verwandt ist.
   Beachte das Beispiel (0).

   Im Sommer gehen viele Familien gerne in den Biergarten, weil dort alle – vom Baby bis zu den Großeltern – so (**0**) **entspannt** (entspannen) ihre Zeit verbringen können.

   Die (1) ______________ (unterhalten) der Erwachsenen bleibt ungestört, denn die Kinder können auf dem Spielplatz toben. Wenn sie danach (2) ______________ (Durst) sind, wird einfach etwas (3) ______________ (bestellen). Besonders beliebt ist bei älteren Kindern ein (4) ______________ (trinken), das aus Orangenlimonade und Cola gemischt wird und dadurch einen ganz speziellen Geschmack bekommt.

   ____ von 2 P

2. Bilde aus allen vorgegebenen Wörtern sinnvolle Sätze. Beachte das Beispiel (0).

   (0) privaten – im – oder – Bereich – Möglichkeiten – es – viele – gibt – beruflichen – auszudrücken – Dankbarkeit

   Im privaten oder beruflichen Bereich gibt es viele Möglichkeiten Dankbarkeit auszudrücken.

   (1) bringt – mir – was – aber – Dankbarkeit

   ____

   ____

   (2) Studien – von – Dankbarkeit – positive Wirkung – die – belegen

   ____

   ____

   (3) glücklicher – als – zufriedener – dankbare Menschen – demnach – sind – und – andere

   ____

   ____

   ____ von 3 P

3. Ein wertschätzender Umgang ist die Basis für jede gute Beziehung. Füge in die Sätze eine passende Konjunktion ein. Beachte das Beispiel (0).

(0) Ein wertschätzender Umgang ist in einer Klassengemeinschaft wichtig, weil man dadurch viele Missverständnisse vermeiden kann.

(1) In der Klasse achten wir auf Regeln, ______________ ein Gespräch gut verläuft.

(2) Man sollte freundlich und höflich sein, ______________ man andere um Hilfe bittet.

(3) Auch junge Menschen können ein Vorbild sein, ______________ sie noch nicht viel Lebenserfahrung haben.

____ von 3 P

4. Setze die fehlenden Satzzeichen ein.

Ich möchte mir im Biergarten ein Eis kaufen Da ich zu wenig Geld bei mir habe frage ich meinen Freund: Kannst du mir bitte zwei Euro leihen

____ von 2 P

Rechtschreiben

Prüflinge mit anerkannter Rechtschreibstörung, die Notenschutz gemäß § 34 BaySchO beanspruchen, bearbeiten die Aufgaben aus Teil B Sprachgebrauch – Rechtschreiben nicht.

5. Groß oder klein? Unterstreiche die richtige Schreibweise.
Beachte das Beispiel (0).

Der Biergarten ist eine (0) *Bayerische/bayerische* Tradition. Freunde (1) *Treffen/treffen* sich im Sommer gerne im Biergarten. Man sitzt an Tischen im (2) *Freien/freien*, bringt sein (3) *Eigenes/eigenes* Essen mit und bestellt nur etwas zu (4) *Trinken/trinken*.
Es gibt aber auch kleine (5) *Brotzeiten/brotzeiten* wie Brezen oder Käse zu (6) *Kaufen/kaufen*.
In Bayern wurde der Biergarten erfunden, beliebt ist er in ganz Deutschland.

____ von 3 P

6. Lies den Text und korrigiere ihn.
Streiche dazu die vier falsch geschriebenen Wörter durch und schreibe sie wie im Beispiel richtig auf die Zeile darüber.

Bezahlen

Bei einem Besuch in einem Restaurant oder Café ist es üblich, beim ~~Bezalen~~ Trinkgeld zu

geben. Das Trinkgeld ist ein Zeichen der Zufridenheit mit dem Service. Es ist nicht nur eine höfliche Geste, sondern für viele Servicekrefte auch notwendig, da das Grundgehalt nicht

hoch ist. Trinkgeld gibt es fast überal auf der Welt, aber die jeweiligen Gewonheiten sind

von Land zu Land verschieden.

____ von 2 P

Erreichte Gesamtpunktzahl: ____ von 15 P

Teil C: Lesen

Ehre die Menschen, die dir dienen

Das ist eine Geschichte, die mir eine Freundin einmal erzählt hat:

Ich hatte zwei Jobs als Kellnerin. Im Winter arbeitete ich in einem noblen Restaurant, im Sommer half ich öfters bei einem Freund in einem großen Biergarten aus. Ich konnte bei regem Betrieb an einem Abend viel Geld verdienen.

An einem wunderschönen, lauwarmen Sommerabend betrat ein kleiner Junge unseren Biergarten und setzte sich an den einzigen noch freien Tisch. Es war einer der Abende, an denen man als Bedienung das schöne Wetter nicht genießen konnte. Der Garten war brechend voll und wir waren seit Stunden pausenlos im Einsatz. Ich eilte zu dem kleinen Jungen an den Tisch und fragte nach seinem Wunsch, zu beschäftigt, um mich zu wundern, warum er ohne seine Eltern oder Freunde hier aufgetaucht war.

„Wie viel kostet eine Limomaß[1]?“, fragte mich der kleine Junge.

„Drei Euro fünfzig“, erwiderte ich kurz und knapp. Der Bub griff in seine Hosentasche und zog eine Reihe Münzen hervor, die er behutsam zählte. Ich dachte, das sei ein Scherz.

„Wie viel kostet denn eine kleine Limo?“, erkundigt er sich. Mittlerweile warteten mehrere Gäste an ihren Tischen und ich wurde ungeduldig, zumal für mich ersichtlich war, dass mit dem kleinen Jungen kein großes Geschäft zu machen war.

„Zwei Euro achtzig“, erwiderte ich ungehalten, obwohl dieser kleine nette Junge mir eigentlich sehr sympathisch war.

Der Junge öffnete seine Hand und zählte wiederum penibel genau und bedächtig sein Geld. Es lag so in seiner halb geöffneten Hand, dass ich nicht sehen konnte, wie viel es war.

„Dann hätte ich gerne eine kleine Limo“, sagte er nach einiger Zeit freundlich zu mir.

Ich nahm die Bestellung auf, brachte ihm kurz darauf seine Limo, ging wortlos weiter und widmete meine Aufmerksamkeit wieder den anderen Gästen, mit denen mehr Geld zu verdienen war.

Ich weiß nicht, warum, aber in den nächsten Minuten schweiften meine Augen trotz der vielen Arbeit immer und immer wieder zu dem Tisch des kleinen Jungen. Der genoss in aller Ruhe mit leuchtenden Augen und einem strahlenden Lächeln, das den ganzen Biergarten erfüllte, seine Limo.

Vor Freude wippte er unter dem Tisch mit seinen Beinen auf und ab. Mir erschien es, als wäre er ganz stolz darauf, alleine mit seinem Getränk in dem großen Garten zu sitzen.

Dann musste ich mich wieder intensiv meiner Arbeit widmen. Als ich Minuten später verstohlen in Richtung des Jungen blickte, war dieser verschwunden. Das Glas stand leer auf seinem Platz.

Ich ging zu dem leeren Tisch zurück, um das Glas abzuräumen und ihn sauber zu wischen. Plötzlich schossen mir die Tränen in die Augen.

Auf dem Tisch neben dem leeren Glas lagen ordentlich nebeneinander gelegt drei 1-Euro-Münzen, zwei 20-Cent-Münzen und ein 10-Cent-Stück. Insgesamt drei Euro fünfzig.

Und auf einmal wurde mir klar, dass der kleine Junge sich nicht die Limomaß bestellen konnte, weil er nur drei Euro fünfzig hatte und mir auf jeden Fall ein Trinkgeld geben wollte.

Ich schämte mich, weil ich in meiner Hektik und in der Hoffnung, mit anderen Gästen mehr Geld verdienen zu können, nicht so freundlich zu dem kleinen netten Jungen gewesen war, wie er es verdient hätte.

Kurzzeitig hatte ich vergessen, dass es die kleinen Dinge im Leben sind, die zählen: ein freundliches Lächeln, ein nettes Wort und ein kleiner Junge, für den es eine riesige Freude und eine große Herausforderung ist, allein in einem Biergarten eine Limo zu trinken.

Am Wochenende kam der Junge mit seinen Großeltern, und ich spendierte ihm eine ganze Limomaß. Verwundert schauten seine Großeltern mir nach.

Quelle: Bischoff, Christian: „Ehre die Menschen, die dir dienen." Aus: Touch the Sky. Greif nach den Sternen. draksal Fachverlag, Leipzig 2012, Seite 51–54, zu Prüfungszwecken bearbeitet.

1 die Maß: Menge von 1 Liter eines Getränks

Arbeitsaufträge

1. Ordne die Aussagen (a–h) den Textabschnitten (1–6) zu.
   Eine Aussage ist bereits zugeordnet (e). Eine Aussage passt nicht.
   Trage die Lösung in die Tabelle ein.

Zeile 1–4	**0**
Zeile 5–10	1
Zeile 11–18	2
Zeile 19–24	3
Zeile 25–30	4
Zeile 31–38	5
Zeile 39–46	6

a	Der Junge erkundigt sich nach den Getränkepreisen.
b	Die Kellnerin ist vom Verhalten des Jungen sehr gerührt.
c	Der Junge verabschiedet sich von der Kellnerin.
d	Die Kellnerin bereut ihr Verhalten und möchte es wiedergutmachen.
e	**Die Kellnerin arbeitet in unterschiedlichen Betrieben.**
f	Ein Junge kommt alleine in einen Biergarten.
g	Die Bedienung interessiert sich nur für zahlungskräftige Gäste.
h	Der Junge macht einen glücklichen Eindruck.

0	1	2	3	4	5	6
e						

_____ von 3 P

2. Kreuze die zwei Aussagen an, die auf die Kellnerin zutreffen.

Die Kellnerin …

- ☐ genießt den schönen Abend.
- ☐ nimmt sich viel Zeit für den kleinen Gast.
- ☐ beobachtet immer wieder den Jungen.
- ☐ erinnert sich daran, was im Leben wirklich wichtig ist.
- ☐ sieht den Jungen nicht mehr wieder.

_____ von 2 P

3. Die folgenden Aussagen stimmen nicht mit dem Inhalt des Textes (vgl. Zeilen 42–46) überein.
Korrigiere die Aussagen, indem du zwei falsche Wörter durchstreichst und das jeweils richtige Wort darüber schreibst.

Kellnerin

Die ~~Biergartenbesitzerin~~ schämte sich, weil sie dem Jungen gegenüber geizig war.

Sie hatte vergessen, dass die kleinen Dinge im Leben zählen. Als der Junge mit seinen

Großeltern wieder kam, spendierte sie ihm eine Limomaß.

Die Großeltern waren darüber verärgert.

_____ von 2 P

4. Wie zeigt sich die Freude des kleinen Jungen? Ergänze das Cluster. Beziehe dich dabei auf den Text.

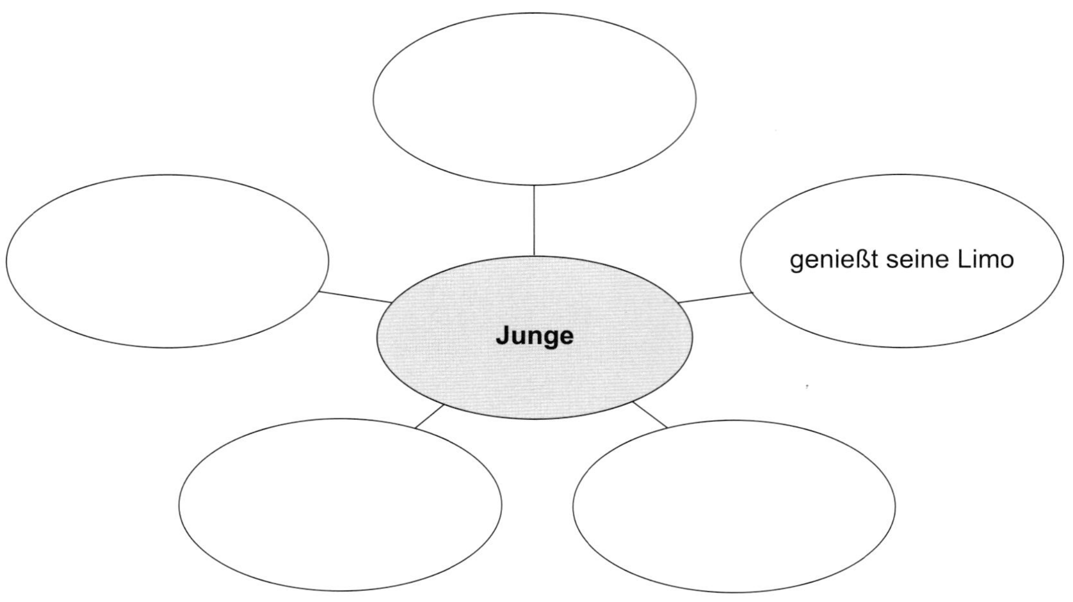

____ von 2 P

5. Was bedeuten die folgenden unterstrichenen Ausdrücke?
Kreuze die jeweils richtige Lösung an (✗). Beachte das Beispiel (0).

Z. 2	„in einem <u>noblen</u> Restaurant"	☐	in einem neuen Restaurant
		☒	in einem vornehmen Restaurant
		☐	in einem großen Restaurant
Z. 7	„war <u>brechend voll</u>"	☐	war völlig überflutet
		☐	war völlig zerbrochen
		☐	war völlig überfüllt
Z. 13	„die er <u>behutsam</u> zählte"	☐	die er sorgfältig zählte
		☐	die er hastig zählte
		☐	die er in einem Hut zählte
Z. 17	„erwiderte ich <u>ungehalten</u>"	☐	erwiderte ich unfreundlich
		☐	erwiderte ich unverständlich
		☐	erwiderte ich haltlos

Z. 22/23	„widmete meine Aufmerksamkeit“	☐	entzog meine Aufmerksamkeit
		☐	schenkte meine Aufmerksamkeit
		☐	verweigerte meine Aufmerksamkeit
Z. 34	„schossen mir die Tränen in die Augen“	☐	war ich geschockt
		☐	war ich erschrocken
		☐	war ich gerührt
Z. 45	„spendierte ihm“	☐	verkaufte ihm
		☐	bezahlte ihm
		☐	ersparte ihm

____ von 3 P

6. Der Junge im Text bestellt eine Limo. Stelle den Ablauf der Bestellung anhand von Stichpunkten dar. Orientiere dich an den Bildern (1–4).

1	____________________
2 (3,50)	____________________
3	____________________
4	____________________

____ von 2 P

7. Kreuze das Zitat an, das am besten zum Text passt.

☐ Geben muss man lernen, Nehmen muss man können. *(Richard von Schaukal)*

☐ Wer gibt, dem wird gegeben. *(Richard von Weizsäcker)*

☐ Wenn du alles gibst, kannst du dir nichts vorwerfen. *(Dirk Nowitzki)*

____ von 1 P

Erreichte Gesamtpunktzahl: ____ von 15 P

Teil D: Schreiben

Wähle eine Aufgabengruppe – A oder B – aus.

Aufgabengruppe A

1. Betrachte Abbildung M 1.

M 1

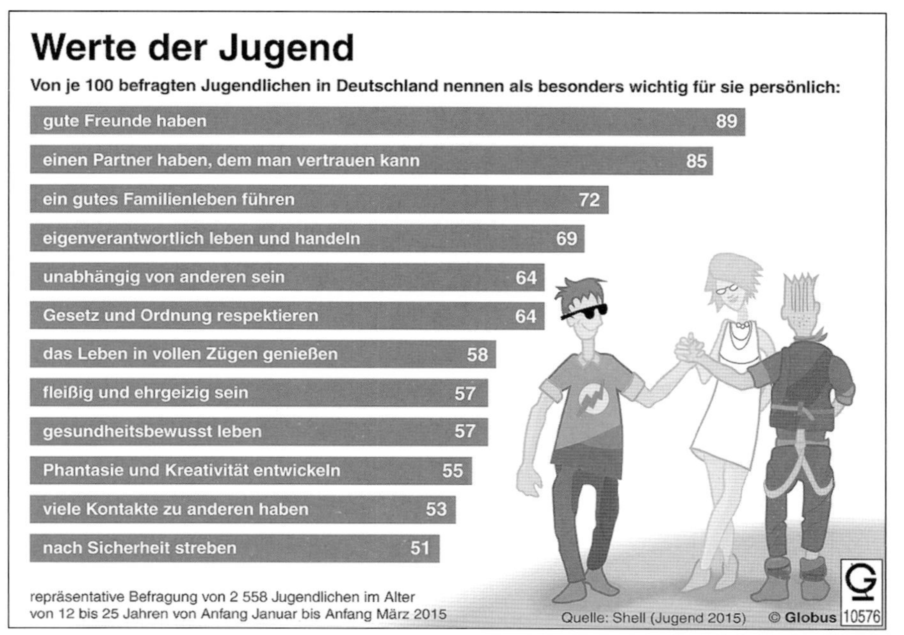

a) Beschreibe in 1–2 Sätzen, worum es in dem Schaubild (M 1) geht.

Inhalt: _____ von 1 P

Sprache: _____ von 1 P

b) Formuliere zwei Aussagen, die du dem Schaubild (M 1) entnehmen kannst.

Inhalt: ____ von 1 P

Sprache: ____ von 1 P

c) Wertschätzung ist kostenlos und zugleich unbezahlbar.
Nimm Stellung zu dieser Aussage und verdeutliche deine Meinung anhand eines selbstgewählten Beispiels (ca. 50 Wörter / ca. ¼ Seite).

Inhalt: ____ von 3 P

Sprache: ____ von 3 P

2. Die Redaktion eurer Schülerzeitung hat folgenden Aushang am Schwarzen Brett veröffentlicht:

> **Hi DU!**
>
> **Ja, DU! Deine Erfahrungen und Ideen sind gefragt!**
>
> **In der nächsten Ausgabe unserer Schülerzeitung geht es um das Thema:**
>
> **Wertschätzung in der Schule**
>
> **Berichte uns über deine Erfahrungen und stelle uns deine Ideen vor, wie wir uns an unserer Schule mehr wertschätzen können.**
>
> **Wir freuen uns auf deinen Beitrag (ca. 150 Wörter / ca. ¾ Seite), in dem du deine Mitschülerinnen und Mitschüler zum Nachdenken und Mitmachen motivierst!**
>
> **Dein Schülerzeitungsteam**

Du fühlst dich angesprochen und verfasst einen entsprechenden Beitrag.

Inhalt: ____ von 10 P

Sprache: ____ von 10 P

Erreichte Gesamtpunktzahl: ____ von 30 P

Aufgabengruppe B

1. Betrachte das Bild (M 2) und lies das Zitat (M 3).

M 2

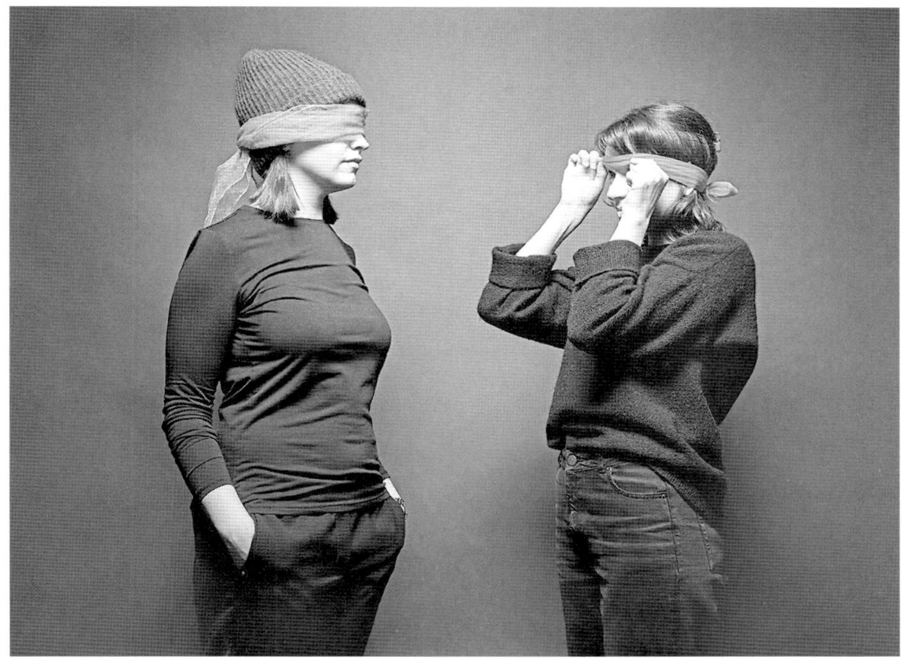

M 3

„Der erste Eindruck ist wichtig, aber der zweite zeigt die Wahrheit."
(Autor unbekannt)

a) Beschreibe das Bild (M 2) in 1–2 Sätzen.

____

____

____

____

____

____

____

Inhalt: ____ von 1 P

Sprache: ____ von 1 P

b) Erkläre das Zitat (M 3) ausführlich mit eigenen Worten.

Inhalt: ____ von 1 P

Sprache: ____ von 1 P

c) Stelle einen Bezug zwischen Bild (M 2) und Zitat (M 3) her und verdeutliche diesen mit Hilfe von zwei Beispielen oder Gegenbeispielen aus deinem persönlichen Erfahrungsbereich (ca. 50 Wörter / ca. ¼ Seite).

Inhalt: ____ von 3 P

Sprache: ____ von 3 P

2. In deinem Lieblingsblog liest du folgenden Aufruf:

Coco's Blog Coco's Blog Coco's Blog Coco's Blog Coco's Blog Coco's Blog

Coco's Thema heute:

LIEBE AUF DEN ERSTEN BLICK?!?

WIE STEHST DU DAZU?

Schreib uns hier deine Gedanken, Erfahrungen und vor allem deine Meinung!

Schreibe einen Beitrag (ca. 150 Wörter / ca. ¾ Seite) für Cocos Blog, in dem du deine Gedanken ausführst und Stellung zu dem Thema nimmst.

Die Fakten (M 4) können dir bei deinen Ausführungen helfen.

M 4

Fakten* zum Thema „Liebe auf den 1. Blick"

- ► Ein sehr großer Teil der Menschen in Deutschland glaubt an Liebe auf den ersten Blick.
- ► Das Aussehen ist am Anfang wichtig, weil weitere Informationen über die andere Person fehlen.
- ► Bei direktem Blickkontakt wirkt das Gesicht attraktiver als ohne Blickkontakt.
- ► Eine attraktive Person wird idealisiert, das heißt, wir sprechen ihr mehr positive Eigenschaften zu, als uns bekannt sind.
- ► Liebe auf den ersten Blick ist eigentlich körperliche Anziehung, die unsere Bereitschaft steigert, eine Beziehung einzugehen.

*vgl.: https://www.spektrum.de/frage/gibt-es-liebe-auf-den-ersten-blick/1560830

Inhalt: ____ von 10 P

Sprache: ____ von 10 P

Erreichte Gesamtpunktzahl: ____ von 30 P

Lösungsvorschläge

Teil A: Zuhören

Hörtext 1

Lehrer	So, heute sind noch Leon, Maxim und Ela mit ihren Kurzberichten aus dem Betriebspraktikum dran. Erzählt doch mal, wie es euch gefallen hat.
Ela	Ich bin total begeistert! Ich habe die Kinder im Kindergarten richtig ins Herz geschlossen.
Leon	Na ja, es war ganz ok. Ich war ja im Supermarkt und fand es am Anfang nicht so spannend, weil ich fast die ganze Zeit nur Regale einräumen und den Pfandflaschenautomaten leeren musste.
Maxim	Ist ja witzig, Leon, bei mir war es fast genauso.
Lehrer	Ja? Wo hast du denn dein Praktikum absolviert, Maxim?
Maxim	Ich war beim Friseur. Weil der ein Bekannter meiner Tante ist, dachte ich, das wird ganz locker. Aber am Anfang hat mir der Chef erst mal einen „Spezialkehrer" in die Hand gedrückt und gesagt: „Sauberkeit ist bei uns enorm wichtig, Junge." Ich hab tagelang nur Haare aufgekehrt.
Ela	Tagelang? Übertreib nicht.
Maxim	Ok, Ela, vielleicht nicht gerade Tage, aber trotzdem lang. Und die Kollegen haben sich ständig bei der Arbeit gestört gefühlt.
Leon	Bei mir kamen anfangs auch ein paar unangenehme Sprüche von Kunden, die meinten, ich wäre zu langsam.
Ela	Also, das war bei mir anders. Alle haben sich gefreut, dass ich da bin und sie unterstütze. Ist ja aber auch ein ganz anderer Bereich gewesen als bei euch. Mir war aber gar nicht so klar, dass man als Kinderpflegerin oder Erzieherin noch viel mehr Fähigkeiten braucht als nur Verantwortungsbewusstsein und Einfühlungsvermögen.
Leon	Was denn zum Beispiel?
Ela	Man muss wertschätzend kommunizieren können im Team und mit den Eltern, man muss genau beobachten, was die Kinder machen und wie sie sich entwickeln, und man muss Konflikte aushalten und klären können. Und auch sehr viel dokumentieren. Das habe ich bei einem Entwicklungsgespräch gemerkt, bei dem ich dabei sein durfte. War ziemlich interessant.

Leon	Für mich war es dann schon auch noch ganz interessant. Am Anfang hatte die Marktleiterin einige Termine, aber dann hat sie mich zum Mittagessen eingeladen. Da haben wir uns dann über all die Tätigkeiten unterhalten, die man als Einzelhandelskaufmann ausübt. Und auch über die Möglichkeiten der beruflichen Weiter- und Fortbildung hat die Marktleiterin mich informiert. Man kann sogar selbst zum Ausbilder werden.
Maxim	Ich dachte ja, ich würde die ganze Zeit nur Haare aufkehren. Aber dann kam ein berühmter Fußballer in den Laden, und als der Chef mich als neuen Praktikanten vorgestellt hat, wollte er von MIR eine Stylingberatung. Ich war ganz durcheinander, aber der Chef hat mir durch passende Fragen geholfen und was soll ich sagen, das Ergebnis ist richtig gut geworden! Ich habe viel über das Friseurhandwerk gelernt. Da ist wirklich lebenslanges Lernen und Leidenschaft für den Beruf angesagt.
Lehrer	Ihr habt ja einiges erlebt in euren Praktika. Und was bleibt euch besonders in Erinnerung?
Ela	All die tollen Bilder und Bastelarbeiten, die mir die Kinder zum Abschied geschenkt haben. Und dass ich für später schon einen Ausbildungsplatz angeboten bekommen habe.
Leon	Ich fand am besten, dass die Chefin meinen Einsatz anerkannt hat, als ich für einen kranken Kollegen eingesprungen bin. Zur Belohnung durfte ich dann am letzten Tag beim Lieferservice mitfahren. Da hab ich viel Lob von den Kunden bekommen.
Maxim	Und ich habe noch einen Profi-Haarschnitt vom Chef höchstpersönlich bekommen. Hat sich gelohnt.
Lehrer	Vielen Dank, Maxim, Ela und Leon. Jetzt haben alle kurz über ihre Praktika berichtet und jeder von euch hat etwas Besonderes zu erzählen gehabt. Das finde ich prima! Vielleicht hat ja jemand schon den Traumberuf gefunden …

Aufgabe zu Hörtext 1

Hinweis: *Nutze die Zeit am Anfang und lies dir die vorgegebenen Aussagen genau durch. Achte beim Hören darauf, welche Person jeweils spricht und was sie über ihr Praktikum sagt. Vergleiche dann ihre Erzählung mit den Aussagen und überlege, ob sie inhaltlich übereinstimmen. Ähnliche Formulierungen können aber auch in die Irre führen. Lass dich davon nicht verwirren.*

Leon	**0**	**3**
Ela	**4**	**6**
Maxim	**2**	**8**

Hinweis: *Im Hörtext erzählt Leon: „Bei mir kamen anfangs auch ein paar unangenehme Sprüche von Kunden, die meinten, ich wäre zu langsam." (3)*
Im Hörtext sagt Ela: „Alle haben sich gefreut, dass ich da bin und sie unterstütze." (4) und „Man muss wertschätzend kommunizieren können im Team und mit den Eltern, (…) und man muss Konflikte aushalten und klären können." (6)
Im Hörtext berichtet Maxim: „Aber am Anfang hat mir der Chef erst mal einen ‚Spezialkehrer' in die Hand gedrückt und gesagt: ‚Sauberkeit ist bei uns enorm wichtig, Junge.'" (2) und „Aber dann kam ein berühmter Fußballer in den Laden, und als (…), wollte er von MIR eine Stylingberatung. (…) das Ergebnis ist richtig gut geworden!" (8)

Hörtext 2

Autorin	**Kapitel 1: Wie ich zu meinem Buch kam** Als ich begann, mich mit dem Thema Wertschätzung, Respekt und Achtsamkeit im Alltag zu beschäftigen, stieß ich auf folgende Geschichte: Im Sommer 2015 fand in Berlin das europäische Straßenkunst-Festival statt. Am Alexanderplatz hat ein Künstler für seine Kunstaktion über 50 kleine, unbemalte Leinwände aufgestellt. Er sprang von Leinwand zu Leinwand und malte jeweils einige Pinselstriche darauf. So ging es viele Male im Kreis herum. Dabei sprach er immer wieder in ein Mikrofon: „Liebe Freunde der Kunst – wer etwas in meinen Bildern erkennt und fünf Minuten darüber mit mir spricht, bekommt das Bild für nur zehn Euro mit nach Hause! Ich spende das Geld dem Berliner Verein für Nachbarschaftshilfe!". Während der ersten drei Stunden waren bereits über 200 Menschen vorbeigekommen. Viele Leute lachten nur kopfschüttelnd und blieben gar nicht erst stehen. Andere betrachteten die Bilder und gaben Kommentare wie „wild", „grelle Farben", „viel zu modern" oder auch „Ein bisschen sehr klein für zehn Euro!" von sich. Nur drei Menschen fanden großen Gefallen an den Bildern, hatten fünf Minuten Zeit für ein Gespräch mit dem Künstler und investierten gerne zehn Euro für eines der Gemälde. Manche Leute fanden die Idee einfach lustig und warfen dem Maler ein paar Cent in den aufgestellten Hut. Als der Künstler seine Aktion beendete, zählte er insgesamt 38 Euro und 62 Cent. Am nächsten Tag war ein Foto des Künstlers auf der Titelseite der Tageszeitung abgebildet, unter dem stand: „Berühmter zeitgenössischer Künstler malt kleine Schätze für das Berliner Publikum. Der derzeit wohl bekannteste europäische Pop-Art-Künstler besucht inkognito das Berliner Straßenkunst-Festival und spendet die Einnahmen seiner Kunstaktion an einen Berliner Verein. Seine Werke gehören weltweit zu den teuersten Kunstobjekten eines lebenden Künstlers." Kaum hatte ich diese Geschichte zu Ende gelesen, wurde mir klar, dass genau hier der Knackpunkt liegt: Zu oft wird Wertschätzung mit materiellem Wert gleichgesetzt. Hätte der Künstler sich zu erkennen gegeben, hätten die Festivalbesucher wahrscheinlich jeden Preis für ein Original bezahlt und sich um ein Gespräch mit ihm gerissen. Den Werken eines vermeintlich unbekannten

	Straßenkünstlers wird hingegen wenig Aufmerksamkeit geschenkt, weil sie nicht für viel Geld am Kunstmarkt verkauft werden können. Und für einen Gedankenaustausch oder eine angeregte Diskussion ist kaum Interesse vorhanden. Ach, dachte ich mir, würden wir uns doch einfach mal mehr Zeit füreinander nehmen, ein Wort der Anerkennung oder des Lobes für unsere Mitmenschen übrig haben und auf die kleinen Dinge im Alltag achten. Wir würden alle so viel dabei gewinnen – für uns selbst und für die Gesellschaft. Und so hatte ich einen wunderbaren Anfang für mein Buch gefunden.

Aufgabe zu Hörtext 2

Hinweis: *In diesem Hörtext kommen die ersten drei Antworten bereits schnell aufeinanderfolgend am Anfang vor. Du musst daher von Beginn an konzentriert zuhören. Die richtigen Antworten sind zunächst wortwörtlich im Hörtext wiedergegeben, später aber auch anders formuliert. Achte also auf Schlüsselbegriffe aus der Aufgabenstellung und auf inhaltliche Zusammenhänge.*

(1) In der Bundeshauptstadt Berlin fand zu dieser Zeit …

- [X] das europäische Straßenkunstfestival statt.
- [ ] das Berliner Filmfest statt.
- [ ] das deutsche Festival für Bühnenkunst statt.

Hinweis: *Im Hörtext wird gesagt: „Im Sommer 2015 fand in Berlin das europäische Straßenkunst-Festival statt."*

(2) Für eine Kunstaktion stellte ein Künstler am Alexanderplatz …

- [ ] ein mit Straßenkreide gemaltes Bild aus.
- [X] kleine Leinwände auf.
- [ ] ein großes Plakat für eine Mitmachaktion auf.

Hinweis: *Im Hörtext wird gesagt: „Am Alexanderplatz hat ein Künstler für seine Kunstaktion über 50 kleine, unbemalte Leinwände aufgestellt."*

(3) Der Künstler machte diese Aktion, weil er …

- [ ] wissen wollte, wer seine Bilder kennt.
- [ ] viel Geld verdienen wollte.
- [X] mit Menschen über Kunst sprechen wollte.

Hinweis: *Im Hörtext wird gesagt: „‚Liebe Freunde der Kunst – wer etwas in meinen Bildern erkennt und fünf Minuten darüber mit mir spricht, bekommt das Bild für nur zehn Euro mit nach Hause!'"*

(4) Am Ende des Tages hatte der Künstler …

- [x] weniger als 40 Euro gesammelt.
- [ ] mehr als 80 Euro gesammelt.
- [ ] genau 20 Euro gesammelt.

***Hinweis:** Im Hörtext wird gesagt: „Als der Künstler seine Aktion beendete, zählte er insgesamt 38 Euro und 62 Cent."*

(5) Die Autorin erkannte durch diese Geschichte, dass Menschen …

- [ ] nicht mehr bereit sind, viel Geld für Kunst zu bezahlen.
- [ ] nur noch selten Kunstfestivals besuchen.
- [x] sich kaum Zeit für die kleinen Dinge des Lebens nehmen.

***Hinweis:** Im Hörtext wird gesagt: „Ach, dachte ich mir, würden wir uns doch einfach mal mehr Zeit füreinander nehmen (…) und auf die kleinen Dinge im Alltag achten."*

Hörtext 3

Schülersprecher	Vielen Dank, Frau Genter, dass Sie sich die Zeit genommen haben, um ein paar Fragen für die Schülerzeitung zu beantworten.
Autorin	Das mache ich gerne. Besonders weil ich hoffe, dass euer Artikel in der Schülerzeitung viele Leserinnen und Leser erreicht.
Schülersprecher	Sie haben uns einige sehr interessante und unterhaltsame Stellen aus Ihrem Buch „Augenhöhe, Herzenstiefe" vorgelesen. Können Sie uns kurz zusammenfassen, worum es in Ihrem Buch geht?
Autorin	Ich widme mich in meinem Buch der Frage, wie wir in der Gesellschaft und im persönlichen Leben Wohlbefinden und Zufriedenheit erreichen können.
Schülersprecher	Wie kamen Sie denn dazu, über dieses Thema ein Buch zu schreiben?
Autorin	Das war ein langer Prozess, ich habe mich schon immer für philosophische Themen interessiert. Ganz konkret hat mich die Biografie des großen Nelson Mandela dazu inspiriert. Mandela, der ehemalige Präsident Südafrikas, hat es trotz eines schwierigen Lebens geschafft zu vergeben, dankbar zu sein und das Gute im Menschen zu sehen.
Schülersprecher	Dafür ist der Titel Ihres Buches aber etwas ungewöhnlich.
Autorin	Das stimmt. Ich wollte einen Titel, der zum Nachdenken anregt. Im Grunde jedoch fasst er in seiner Bedeutung genau zusammen, worum es geht: Wir müssen unseren Mitmenschen auf Augenhöhe begegnen und mit ganzem Herzen dabei sein. So können wir, vereinfacht gesagt, durch Wertschätzung, Respekt und Achtsamkeit glücklich und zufrieden durchs Leben gehen.
Schülersprecher	Das klingt jetzt aber etwas abstrakt. Haben Sie vielleicht noch konkretere Tipps, wie wir das erreichen können?
Autorin	Sicher. Der erste Schritt ist der schwierigste: Man muss an seinem eigenen Selbstwertgefühl arbeiten, um andere wertschätzen zu können. Nur wer sich selber akzeptiert, kann andere wertschätzen. Das fällt uns oft nicht gerade leicht.
Schülersprecher	Man braucht also sozusagen ein gesundes Selbstwertgefühl?
Autorin	Ganz genau. Erst dann kann man die Bedürfnisse anderer ernst nehmen, sich wertschätzend verhalten und vor allem auch wertschätzend kommunizieren.
Schülersprecher	Wertschätzend heißt also nichts anderes, als dass ich mein Gegenüber als wertvollen Menschen anerkenne und achte.

Autorin	Absolut richtig. Und dazu gehören auch der Respekt gegenüber anderen Kulturen und Meinungen, ernst gemeinte Hilfe und vor allem Dankbarkeit. Nichts drückt Wertschätzung besser aus – ob in Schule, Praktikum oder Alltag.
Schülersprecher	Dann sagen wir jetzt vielen Dank für das Gespräch, Frau Genter, und übergeben für weitere Fragen an das Publikum …

Aufgabe zu Hörtext 3

Hinweis: *Lies die Fragen vor dem Anhören des Textes und überlege, wonach genau gefragt wird. Bei Frage 1 solltest du beispielsweise auf die Nennung eines bestimmten Namens achten. Das macht es einfacher, die richtige Information aus dem Text herauszuhören.*

(1) **(Nelson) Mandela**

Hinweis: *Im Hörtext sagt die Autorin: „Ganz konkret hat mich die Biografie des großen Nelson Mandela dazu inspiriert."*

(2) **(zum) Nachdenken (anregen)**

Hinweis: *Im Hörtext sagt die Autorin: „Ich wollte einen Titel, der zum Nachdenken anregt."*

(3) **(ein) glückliches (und zufriedenes) Leben**

Hinweis: *Im Hörtext sagt die Autorin: „So können wir, vereinfacht gesagt, durch Wertschätzung, Respekt und Achtsamkeit glücklich und zufrieden durchs Leben gehen."*

(4) **(ein gesundes) Selbstwertgefühl**

Hinweis: *Im Hörtext sagt die Autorin: „Man muss an seinem eigenen Selbstwertgefühl arbeiten, um andere wertschätzen zu können."*

(5) **(durch) Dankbarkeit**

Hinweis: *Im Hörtext sagt die Autorin: „Und dazu gehören auch der Respekt gegenüber anderen Kulturen und Meinungen, ernst gemeinte Hilfe und vor allem Dankbarkeit."*

Teil B: Sprachgebrauch

Sprachbetrachtung

1. Im Sommer gehen viele Familien gerne in den Biergarten, weil dort alle – vom Baby bis zu den Großeltern – so (0) **entspannt** ihre Zeit verbringen können.
   Die (1) **Unterhaltung** der Erwachsenen bleibt ungestört, denn die Kinder können auf dem Spielplatz toben. Wenn sie danach (2) **durstig** sind, wird einfach etwas (3) **bestellt**. Besonders beliebt ist bei älteren Kindern ein (4) **Getränk**, das aus Orangenlimonade und Cola gemischt wird und dadurch einen ganz speziellen Geschmack bekommt.

   Hinweis: *Überlege bei jeder Lücke zunächst, zu welcher Wortart das gesuchte Wort gehören soll. Steht beispielsweise ein Artikel (Begleiter) vor der Lücke, deutet das oft darauf hin, dass ein Nomen oder Adjektiv eingesetzt werden soll. Das gesuchte Wort muss mit dem Wort in Klammern verwandt sein. Das bedeutet, dass es den gleichen Wortstamm haben sollte.*

2. (1) **Aber was bringt mir Dankbarkeit?**

   (2) **Studien belegen die positive Wirkung von Dankbarkeit.**

   (3) **Dankbare Menschen sind demnach glücklicher und zufriedener als andere.**

   Hinweis: *Die Wörter müssen nur in die richtige Reihenfolge gebracht werden. Sie dürfen nicht verändert werden. Das Wort am Satzanfang solltest du natürlich großschreiben. Überlege zuerst, ob es sich um einen Frage- oder Aussagesatz handelt. Wenn bei einem Satz ein W-Fragewort vorkommt, könnte es sein, dass du eine Frage formulieren musst. Markiere dir dann die Verben. Denke daran, dass das Verb im Deutschen häufig an zweiter Stelle im Satz steht. Überlege anschließend, was das Subjekt des Satzes sein könnte. Bringe nun die restlichen Wörter in eine sinnvolle und grammatikalisch korrekte Reihenfolge.*

3. (1) In der Klasse achten wir auf Regeln, **damit/sodass** ein Gespräch gut verläuft.

   (2) Man sollte freundlich und höflich sein, **wenn/falls** man andere um Hilfe bittet.

   (3) Auch junge Menschen können ein Vorbild sein, **obwohl/auch wenn** sie noch nicht viel Lebenserfahrung haben.

   Hinweis: *Überlege dir, was im Nebensatz jeweils ausgedrückt wird, z. B. ein Grund, eine Folge, ein Gegensatz, eine Bedingung oder Ähnliches. Suche dann eine Konjunktion, die genau das ausdrückt. Es gibt jeweils zwei Konjunktionen, die inhaltlich passen.*

4. Ich möchte mir im Biergarten ein Eis kaufen **.** Da ich zu wenig Geld bei mir habe **,** frage ich meinen Freund: **„** Kannst du mir bitte zwei Euro leihen **?** **“**

   Hinweis: *Für jedes richtig gesetzte Satzzeichen bekommst du einen halben Punkt. Der Beginn des zweiten Satzes ist an der Großschreibung des ersten Wortes deutlich zu erkennen. Die Konjunktion „da“ leitet einen Nebensatz ein, der vom darauffolgenden Hauptsatz mit einem Komma abgetrennt werden muss. Beim letzten Satz handelt es sich um eine Frage. Du musst also ein Fragezeichen einfügen. Achte außerdem darauf, beide Anführungszeichen (unten* ***und*** *oben) zu setzen, da sie als ein Satzzeichen gewertet werden.*

Rechtschreiben

5. Der Biergarten ist eine (0) *Bayerische/bayerische* Tradition. Freunde (1) *Treffen/treffen* sich im Sommer gerne im Biergarten. Man sitzt an Tischen im (2) *Freien/freien*, bringt sein (3) *Eigenes/eigenes* Essen mit und bestellt nur etwas zu (4) *Trinken/trinken*.
   Es gibt aber auch kleine (5) *Brotzeiten/brotzeiten* wie Brezen oder Käse zu (6) *Kaufen/kaufen*.
   In Bayern wurde der Biergarten erfunden, beliebt ist er in ganz Deutschland.

   Hinweis: *Das Verb „treffen“ wird hier in der 3. Person Plural Präsens verwendet und kleingeschrieben. „Freien“ ist hier ein Nomen („das Freie“) und wird großgeschrieben. Erkennen kannst du das am Artikel, der sich hier in der Präposition versteckt (im = in dem). Das Adjektiv „eigenes“ begleitet das Nomen „Essen“ und wird kleingeschrieben. Das Verb „trinken“ wird kleingeschrieben, so wie jedes Verb in der Konstruktion „etwas zu + Verb“. Das Gleiche gilt für „kaufen“. Das Wort „Brotzeiten“ ist ein Nomen im Plural und wird großgeschrieben.*

6. Bei einem Besuch in einem Restaurant oder Café ist es üblich, beim **Bezahlen** Trinkgeld zu geben. Das Trinkgeld ist ein Zeichen der **Zufriedenheit** mit dem Service. Es ist nicht nur eine höfliche Geste, sondern für viele **Servicekräfte** auch notwendig, da das Grundgehalt nicht hoch ist. Trinkgeld gibt es fast **überall** auf der Welt, aber die jeweiligen **Gewohnheiten** sind von Land zu Land verschieden.

   Hinweis: *Der i-Laut in „Zufriedenheit“ wird lang gesprochen, deshalb schreibt man ihn mit „ie“. Der Singular von „Servicekräfte“ ist Servicekraft. Daher muss das Wort mit „ä“ geschrieben werden. Das „a“ in überall ist kurz und wird betont, weswegen danach ein Doppel-l steht, genauso wie in „Knall“ oder „Fall“. Das „o“ in „Gewohnheiten“ wird lang gesprochen. Deshalb steht danach ein Dehnungs-h, genauso wie in „Lohn“ oder „froh“. Hier kann es dir auch helfen, wenn du Wörter aus derselben Wortfamilie kennst, z. B. „gewohnt“.*

Teil C: Lesen

1. ***Hinweis:*** *Du solltest zuerst die Aussagen in der rechten Spalte lesen. Anschließend liest du die einzelnen Textabschnitte noch einmal und ordnest jedem davon die passende Aussage zu. Aussage c bleibt übrig.*

1	2	3	4	5	6
f	**a**	**g**	**h**	**b**	**d**

2. *Hinweis:* *Die richtigen Antworten findest du in den Zeilen 25/26 und 42 bis 44.*

   Die Kellnerin …

   ☐ genießt den schönen Abend.
   ☐ nimmt sich viel Zeit für den kleinen Gast.
   ☒ beobachtet immer wieder den Jungen.
   ☒ erinnert sich daran, was im Leben wirklich wichtig ist.
   ☐ sieht den Jungen nicht mehr wieder.

3. ***Hinweis:*** *Lies dir die Zeilen noch einmal durch, die in der Aufgabenstellung angegeben sind. Vergleiche die Informationen dann mit dem Text in der Aufgabe.*

   Die **Kellnerin** schämte sich, weil sie dem Jungen gegenüber **unfreundlich** war. Sie hatte vergessen, dass die kleinen Dinge im Leben zählen. Als der Junge mit seinen Großeltern wieder kam, spendierte sie ihm eine Limomaß. Die Großeltern waren darüber **verwundert**.

4. ***Hinweis:*** *Die Freude des kleinen Jungen wird beschrieben, nachdem er die Limo bekommen hat. Das sind die Zeilen 25 bis 30.*

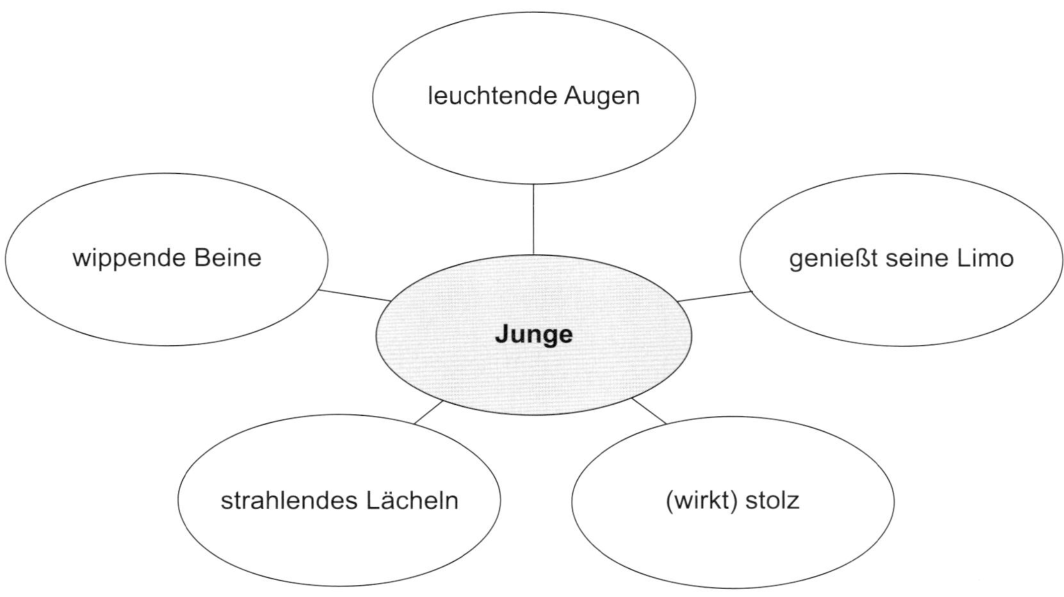

5. ***Hinweis:*** *Lies am besten noch einmal die angegebene Zeile im Text durch, wenn du den Ausdruck nicht kennst. Überlege daraufhin, welche Antwortmöglichkeit an dieser Textstelle sinnvoll ist. Auch ein Blick ins Wörterbuch kann helfen, z. B. um die Bedeutung eines einzelnen Wortes wie „behutsam“ nachzusehen.*

Z. 7	„war brechend voll“	☐	war völlig überflutet
		☐	war völlig zerbrochen
		☒	war völlig überfüllt

Z. 13	„die er behutsam zählte“	☒	die er sorgfältig zählte
		☐	die er hastig zählte
		☐	die er in einem Hut zählte
Z. 17	„erwiderte ich ungehalten“	☒	erwiderte ich unfreundlich
		☐	erwiderte ich unverständlich
		☐	erwiderte ich haltlos
Z. 22/23	„widmete meine Aufmerksamkeit“	☐	entzog meine Aufmerksamkeit
		☒	schenkte meine Aufmerksamkeit
		☐	verweigerte meine Aufmerksamkeit
Z. 34	„schossen mir die Tränen in die Augen“	☐	war ich geschockt
		☐	war ich erschrocken
		☒	war ich gerührt
Z. 45	„spendierte ihm“	☐	verkaufte ihm
		☒	bezahlte ihm
		☐	ersparte ihm

6. **Hinweis:** *Schreibe zu jedem Bild einen Satz. Nicht alle Schritte der Bestellung sind abgebildet, zum Beispiel das Bringen des Getränks durch die Kellnerin. Lass dich davon nicht verwirren.*

Der Junge fragt nach dem Preis. (Z. 11)

Die Kellnerin beantwortet die Frage des Jungen kurz. (Z. 12)

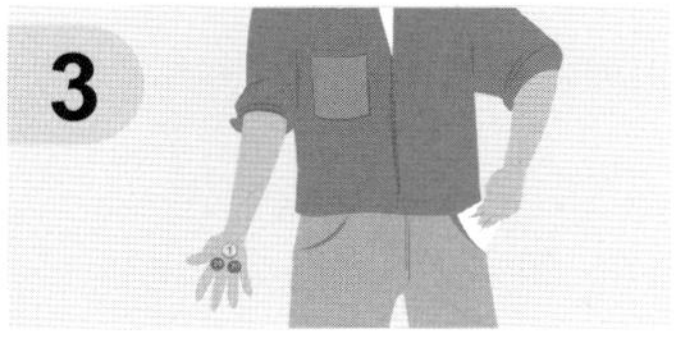

Der Junge zählt sein Geld. (Z. 12/13 und 19)

Das Geld für die Limo und das Trinkgeld liegen auf dem Tisch. (Z. 35/36)

7. *Hinweis: Da der Junge Trinkgeld gibt, bekommt er bei seinem nächsten Biergartenbesuch eine Maß Limo geschenkt. Dieses Ende der Geschichte gibt einen Hinweis auf die richtige Antwort.*

- ☐ Geben muss man lernen, Nehmen muss man können. *(Richard von Schaukal)*
- ☒ Wer gibt, dem wird gegeben. *(Richard von Weizsäcker)*
- ☐ Wenn du alles gibst, kannst du dir nichts vorwerfen. *(Dirk Nowitzki)*

Teil D: Schreiben

Aufgabengruppe A

1. a) *Hinweis: Fasse zusammen, mit welchem Thema sich das Diagramm insgesamt beschäftigt. Gib auch an, was du aus der Quellenangabe herauslesen kannst.*

   Das Balkendiagramm zu einer Umfrage aus dem Jahr 2015 zeigt die Werte der Jugendlichen in Deutschland. Dafür fragte das Unternehmen Shell 2 558 Personen im Alter von 12 bis 25 Jahren, was ihnen im Leben persönlich besonders wichtig ist.

   b) *Hinweis: Hier gibt es viele Möglichkeiten, eine richtige Antwort zu formulieren. Du kannst zum Beispiel über konkrete Prozentzahlen schreiben oder einzelne Werte aus dem Diagramm miteinander vergleichen.*

   89 Prozent der deutschen Jugendlichen ist es wichtig, gute Freunde zu haben.
   Ein gutes Familienleben zu führen, ist mehr Jugendlichen in Deutschland wichtig, als nach Sicherheit zu streben.

   c) *Hinweis: Zunächst musst du schreiben, ob du der Aussage zustimmst oder nicht. Bei deinem Beispiel kannst du zeigen, wie leicht man anderen Personen Wertschätzung entgegenbringen kann. Gleichzeitig muss klar werden, dass das einen positiven Effekt hat, der nicht mit Geld zu bezahlen ist.*

   Ich denke, diese Aussage ist absolut richtig. In meiner Familie ist es zum Beispiel selbstverständlich, dass meine Eltern immer für meine Geschwister und mich da sind. Vor Kurzem habe ich ihnen einen Strauß Blumen gepflückt und mich dafür bedankt. Das hat mich nichts gekostet, ihre Freude war aber riesig und wäre mit keinem teuren Geschenk bezahlbar gewesen.

2. *Hinweis: Überlege, wie die Situation bei dir an der Schule ist. Geht man dort wertschätzend miteinander um? Wie ist die Situation zwischen Lehrkräften, Schülern und Schülerinnen? In deinem Text musst du deine Mitschülerinnen und Mitschüler direkt ansprechen, sie motivieren, über deine persönliche Wahrnehmung schreiben und Ideen aufzeigen, wie sich die Wertschätzung an eurer Schule verbessern lässt.*

   Wertschätzung an unserer Schule

   Bei uns auf dem Pausenhof hört man oft aus vielen Ecken Beschimpfungen und Beleidigungen. In den Klassenzimmern gibt es immer wieder Mobbing.
   Ich finde, wir sollten respektvoller und wertschätzender miteinander umgehen. An der ganzen Schule sollten sich die Klassensprecher und Klassensprecherinnen dafür einsetzen, dass Freundlichkeit und Respekt bei uns großgeschrieben werden. Alle Klassen könnten beispielsweise Verhaltensregeln erarbeiten und aufschreiben. Teams zur Streitschlichtung könnten dann dafür sorgen, dass diese Regeln auch eingehalten werden.
   Wie sieht es mit den Lehrkräften aus? Die meisten wollen für die Schüler und Schülerinnen nur das Beste. Aber es gibt auch Einzelne an unserer Schule, die ihre Klasse schlecht behandeln. Sie schreien die Jugendlichen an und vermitteln ihnen, dass sie nichts können. Ich würde mir wünschen, dass man mit diesen Lehrkräften ein Gespräch führt, um die

Situation zu verbessern. Denn es ist klar, dass respektvoller Umgang immer ein Geben und Nehmen ist.
Wenn wir uns alle für mehr Wertschätzung einsetzen, können wir etwas bewegen!

(157 Wörter)

Aufgabengruppe B

1. a) **Hinweis:** *Bei dieser Aufgabe geht es um die reine Beschreibung des Bildes. Du sollst nichts interpretieren.*

   Auf dem Bild sieht man zwei Frauen, die sich gegenüberstehen, vor einem dunklen Hintergrund. Beide Frauen haben die Augen verbunden, wobei eine der beiden gerade dabei ist, die Augenbinde abzunehmen.

   b) ***Hinweis:*** *Um eine Antwort zu finden, musst du auch auf deine eigenen Erfahrungen zurückgreifen. Überlege, ob der erste Eindruck eines Menschen immer der richtige ist.*

   Wenn man einen Menschen kennenlernt, verrät der erste Eindruck oft schon etwas über seine Persönlichkeit. Aber erst wenn man ihn näher kennt, weiß man, wie er wirklich ist.

   c) ***Hinweis:*** *Sowohl im Bild als auch im Zitat geht es um den ersten Eindruck. Gehe in deiner Antwort darauf ein. Überlege dir dann zwei Beispiele aus deinem Leben, in denen dein erster Eindruck eines Menschen falsch oder aber genau richtig war.*

   Das Zitat spricht davon, dass der erste Eindruck falsch sein kann. Im Bild sieht man ein Kennenlernen, bei dem niemand durch den äußeren ersten Eindruck getäuscht wird.
   Eine Mitschülerin, die ich zunächst für oberflächlich gehalten habe, ist tatsächlich klug und interessant. Auch mein Deutschlehrer ist gar nicht so ernst und spießig, wie ich dachte. Inzwischen weiß ich, dass er sehr witzig ist.

2. ***Hinweis:*** *Beim Schreiben deines Blogbeitrags ist es wichtig, dass du deine eigene Ansicht zum Thema begründet darstellst. Wenn du dabei Informationen aus M 4 verwendest, solltest du auf eigene Formulierungen achten. Du kannst auch über persönliche Erfahrungen schreiben.*

   Gibt es die Liebe auf den ersten Blick? Wenn man sich mit diesem Thema beschäftigt, dann erfährt man, dass viele Menschen in Deutschland daran glauben. Es ist aber eine rein körperliche Anziehung, die nichts mit den Eigenschaften der jeweiligen Person zu tun hat.
   Ich denke zwar, dass ein Mensch auf den ersten Blick gut aussehend und attraktiv wirken kann. Gleichzeitig finde ich es aber schwierig, sich direkt zu verlieben. Man kennt diesen Menschen ja schließlich gar nicht.
   Vor einigen Monaten sah ich auf einer Geburtstagsfeier ein Mädchen, das mir sofort gefiel. Plötzlich hatte ich ein schönes Gefühl im Bauch und war ein bisschen aufgeregt. Manche Menschen würden sagen, es war Liebe auf den ersten Blick. Als ich aber im Laufe des Abends mit ihr gesprochen habe, merkte ich, dass wir nicht zueinanderpassten. Denn sie hatte andere Ansichten als ich und ihr waren andere Dinge im Leben wichtig. Dieses Erlebnis hat mir gezeigt, dass es Liebe auf den ersten Blick nicht gibt.

   (161 Wörter)

Qualifizierender Abschluss der Mittelschule Bayern
Deutsch als Zweitsprache 2023

Teil A: Zuhören

Aufgabe zu Hörtext 1

Selina hat eine Einladung zu einem Vorstellungsgespräch erhalten und möchte sich nun mithilfe der Berufsberaterin an ihrer Schule, Frau Meier, darauf vorbereiten.

Höre zu und kreuze die richtige Antwort (A, B oder C) an.
Beachte das Beispiel (0).

(0) Selina hat ein Vorstellungsgespräch in einem …
- ☐ Baumarkt.
- ☐ Supermarkt.
- ☒ Drogeriemarkt.

(1) Selina hat Angst davor, dass sie bei dem Vorstellungsgespräch …
- ☐ unpünktlich ist.
- ☐ kein Wort herausbringt.
- ☐ nicht gepflegt genug wirkt. ____ von 1 P

(2) Im Workshop mit der Klasse hat Selina gelernt, …
- ☐ dass aktiv zuzuhören wichtig ist.
- ☐ wie man einen Termin vereinbart.
- ☐ eine Bewerbung zu schreiben. ____ von 1 P

(3) Laut der Berufsberaterin helfen zur Entspannung kurz vor dem Gespräch …
- ☐ Atemübungen.
- ☐ Dehnübungen.
- ☐ Sprechübungen. ____ von 1 P

(4) Selina soll selbstbewusst zu sich sagen: …
- ☐ „Ich mag das."
- ☐ „Ich schaffe das."
- ☐ „Ich verdiene das." ____ von 1 P

(5) Selina wäre gerne ein Elefant, weil …
- [ ] er so entspannt ist.
- [ ] sein Gedächtnis so gut ist.
- [ ] er ein ungewöhnliches Tier ist. ____ von 1 P

____ von 5 P

Aufgabe zu Hörtext 2

An der Schule findet die Themenwoche „Benimm ist in!“ statt. Das Schulradio hat dafür eine Sendung über Leben und Schaffen des Schriftstellers Adolph Freiherr Knigge produziert.

Höre zu und ergänze den Lückentext.
Eine Lücke (0) ist bereits ergänzt.

… mein Name ist Adolph (0) Freiherr Knigge.

Ich wurde im Jahr (1) ______________ geboren. Mit 14 Jahren, nach dem Tod meiner Eltern, wurde ich zum Privatunterricht nach (2) ______________ geschickt. Später studierte ich in Göttingen Jura und (3) ______________. In meinem ersten Roman, (4) „______________ Peter Clausens“, mache ich mich über die adelige Gesellschaft lustig. Mein berühmtestes Werk aber, „Über den Umgang mit Menschen“, veröffentlichte ich im Jahr (5) ______________. Dieses Buch gibt es in erweiterter Form heute noch als Ratgeber für gutes Benehmen.

____ von 5 P

Aufgabe zu Hörtext 3

Als Sascha nach der Schule seine Großeltern besucht, entwickelt sich ein Gespräch darüber, was Kleidung mit Respekt und gutem Benehmen zu tun hat.

Höre genau zu.
Wähle aus den Aussagen (1–10) die **fünf** richtigen aus und kreuze sie an.
Beachte das Beispiel (0).

(0) Hosen mit Löchern sind heute modern. ☒

(1) Der Großvater hat Verständnis für Saschas Kleidungsstil. ☐

(2) Die Großmutter hat ihre erste Jeans von ihrem eigenen Geld gekauft. ☐

(3) Vor der Schule konnte man sich in der Umkleidekabine umziehen. ☐

(4) Jeder Deutsche besitzt mindestens acht Jeans. ☐

(5) Ursprünglich war die Jeans eine Arbeiterhose. ☐

(6) Die Jeans wurde zum Symbol für Amerika. ☐

(7) An amerikanischen Schulen musste man früher Stoffhosen und Röcke tragen. ☐

(8) Erwachsene finden Kappen unmodern. ☐

(9) Es galt als höflich, zur Begrüßung den Hut abzunehmen. ☐

(10) Die Großmutter akzeptiert, dass man im Privatleben anzieht, was man möchte. ☐

_____ von 5 P

Erreichte Gesamtpunktzahl: _____ von 15 P

Teil B: Sprachgebrauch

Sprachbetrachtung

1. Setze in die Lücken jeweils ein Nomen ein, das mit dem Wort in Klammern verwandt ist. Verwende dabei die korrekte Form.
   Beachte das Beispiel (0).

   Umgangsformen gewinnen wieder mehr an (**0**) **Bedeutung** (bedeuten).

   Auch angemessenes (1) ______________ (verhalten) gehört zu den Umgangsformen. Dies gilt nicht nur für den (2) ______________ (besuchen) im Restaurant, sondern auch für das (3) ______________ (essen) in der Schulmensa. Der richtige (4) ______________ (gebrauchen) von Messer, Gabel und Löffel ist selbstverständlich. Die Schülerinnen und Schüler haben die (5) ______________ (erlauben), sich in der Mensa in gemäßigter Lautstärke zu unterhalten. Nach der Mahlzeit müssen die Tische abgeräumt und abgewischt werden. Denn auf (6) ______________ (ordnen) legt man großen Wert.

   _____ von 3 P

2. Ergänze sinnvoll. Beachte das Beispiel (0).

   (0) Olga hat morgen ein Vorstellungsgespräch. Sie freut sich über den Termin, aber
   sie ist auch sehr aufgeregt.

   (1) Olga überlegt, wann …

   ____

   ____

   (2) Sie wiederholt wichtige Regeln für das Bewerbungsgespräch, damit …

   ____

   ____

   (3) Der schwarze Rock steht ihr besonders gut, deshalb …

   ____

   ____

   _____ von 3 P

3. Setze das Wort in Klammern in der grammatikalisch richtigen Form ein.
   Beachte das Beispiel (0).

Adolph Freiherr Knigge

Im Zusammenhang mit **(0) guten** (gut) Manieren kommt man um den Namen „Knigge“ nicht herum. Denn das „Benimmbuch“ aus dem 18. Jahrhundert hat trotz seines (1) ______________ (Alter) nicht an Bedeutung (2) ______________ (verlieren). Die Deutsche-Knigge-Gesellschaft hat es sich zur Aufgabe gemacht, die Regeln für gutes Benehmen ständig zu überprüfen, zu erweitern und an die (3) ______________ (modern) Zeit anzupassen. Auch in vielen (4) ______________ (Benimmkurs) dient der „Knigge“ immer noch als Grundlage.

____ von 2 P

4. Setze die fehlenden Satzzeichen ein.
   Als Luca nach der Schule in den Bus steigt stößt er versehentlich mit einem Mitschüler zusammen Sofort murmelt er: Es tut mir leid

____ von 2 P

Rechtschreiben

Prüflinge mit anerkannter Rechtschreibstörung, die Notenschutz gemäß § 34 BaySchO beanspruchen, bearbeiten die Aufgaben aus Teil B Sprachgebrauch – Rechtschreiben nicht.

5. Schreibe die Sätze fehlerfrei auf.

schon die kleinsten sollten höflichkeit lernen, denn der respektvolle umgang miteinander gehört zur basis unserer gesellschaft. die vorbildfunktion der eltern spielt eine große rolle.

____

____

____

____

____

____

____

____ von 3 P

6. Lies den Text und korrigiere ihn.
   Streiche dazu die <u>vier</u> falsch geschriebenen Wörter durch und schreibe sie wie im Beispiel richtig auf die Zeile darüber.

   Rücksicht

   Auch im Sport werden gutes Benehmen und ~~rücksicht~~ belohnt.

   ___

   In jedem Fußballspiel wird darum gekempft, wer die meisten Tore erzielt.

   ___

   Während die Siegermanschaft bejubelt wird, verlassen die Verlierer enttäuscht den Platz.

   ___

   Doch auch Fairness wird fielfach anerkannt. Seit 1997 verleit der Fußballbund für

   ___

   besonders faires Verhalten sogar einen Preis.

____ von 2 P

Erreichte Gesamtpunktzahl: ____ von 15 P

Teil C: Lesen

Benimm ist in

Ob in der Schule, im Berufsleben oder im Alltag – mit gutem Benehmen und Höflichkeit klappt alles besser. Schülerinnen und Schüler wandeln heute gerne und freiwillig auf Freiherr Knigges Spuren. Der Vater des guten Benehmens prägt erneut eine junge Generation.

Eltern und Heranwachsende legen wieder deutlich mehr Wert auf gutes Benehmen. Das bestätigen auch Umfragen: „Breites Wissen, gute Ausdrucksfähigkeit, die Beherrschung von Fremdsprachen und gute Manieren gehören unbedingt zu einer guten Bildung“, denkt die Mehrheit der Eltern, wie eine Studie des Instituts für Demoskopie Allensbach belegt. Und auch bei den Sechs- bis 14-Jährigen haben gute Manieren an Bedeutung gewonnen, wie in verschiedenen Studien bereits 2014 gezeigt wurde: 56 Prozent der befragten Jugendlichen war es wichtig, „gute Manieren zu haben“, und sogar 29 Prozent fanden es „total wichtig“.

Seitdem werden auch an vielen Schulen in Bayern „Benimm-Kurse“ angeboten. So erzählt die Elternbeiratsvorsitzende einer bayerischen Schule: „Wir haben uns gemeinsam dafür entschieden, an unserer Schule einen solchen Kurs anzubieten. Es tut den Kindern gut, außerhalb des Elternhauses und gemeinsam mit Freunden über gutes Benehmen in verschiedenen Lebenslagen zu reden. Tatsächlich wissen ja auch wir Eltern nicht mit allen Situationen perfekt umzugehen. Der Erfolg hat uns recht gegeben: Der Kurs wurde gut angenommen und die Schülerinnen und Schüler haben ihn sehr gerne besucht.“

Angeregt hatte die Kurse eine Mutter. Sie war auf den Elternbeirat zugegangen und hatte ihr Angebot für Knigge-Kurse dort vorgestellt. Schließlich wurde den Schülerinnen und Schülern der 9. und 10. Jahrgangsstufe ermöglicht, den Kurs als Wahlfach zu belegen.

„Der Kurs hat insgesamt drei Teile“, erläutert die Referentin. Zunächst werden die Grundlagen guten Benehmens thematisiert. Darunter fällt beispielsweise Höflichkeit gegenüber Mitmenschen oder andere aussprechen zu lassen. Auch für das spätere Berufsleben wichtige Fragestellungen wie „wen duze ich, wen sieze ich“ kommen im Kurs zur Sprache. Die Jugendlichen lernen darüber hinaus, wer wem üblicherweise das „Du“ anbietet und wie man Menschen miteinander bekannt macht.

Bei den Schülerinnen und Schülern findet der Kurs großen Anklang. Lisa und Julian aus der 9. Klasse, die den Knigge-Kurs besucht haben, sind froh, dass sie ein solches Angebot wahrnehmen konnten: „Es war eine sehr interessante und informative Erfahrung. So schnell kommt wahrscheinlich nicht noch einmal die Chance, so einen Knigge-Kurs zu machen. Außerdem kann sich die Kursteilnahme später bei der Bewerbung um eine Arbeitsstelle bezahlt machen.“

Gute Manieren bei Tisch zu üben, „ist immer der Lieblingsteil der Schüler“, so die Referentin. „Wir schauen uns dabei nicht nur an, worauf es beim Essen zuhause mit der Familie oder mit Freunden in der Mensa ankommt, sondern wir inszenieren auch ein Essen in einem schicken Restaurant. Da gibt es dann verschiedene Bestecke, Brotteller, Gläser und so weiter. So simulieren wir eine richtige Restaurantatmosphäre. Viele Schülerinnen und Schüler brauchen das später einmal auch im Berufsleben, wenn sie das richtige Verhalten bei Geschäftsessen kennen müssen.

Ich denke da an Dinge wie die richtige Haltung, das Bestellen oder auch, dass man dem Gegenüber Brot anbietet."

Im dritten Teil des Wahlkurses wird schließlich das richtige Verhalten in Praktikum und Beruf eingeübt. Aspekte wie das Beachten von Hierarchien[1], „Dos and Don'ts"[2] beim Vorstellungsgespräch und im Umgang mit Kolleginnen und Kollegen spielen dabei eine Rolle. „Wir überlegen beispielsweise gemeinsam, wie man einen positiven ersten Eindruck hinterlässt, wer beim Gespräch mit einem Vorgesetzten zuerst die Hand gibt etc.", erklärt die Referentin.

Nach dem Kurs erhalten die Schülerinnen und Schüler ein Zertifikat, das sie auch bei Vorstellungsgesprächen vorlegen können. Denn auch Arbeitgeberinnen und Arbeitgeber legen Wert darauf, dass ihre Mitarbeiterinnen und Mitarbeiter gute Umgangsformen haben.

Benimmkurse decken sich auch mit dem Bildungs- und Erziehungsauftrag der Schule. Gemäß der bayerischen Verfassung, Artikel 131, haben Schulen nicht nur die Aufgabe, Wissen und Können zu vermitteln, sondern auch Herz und Charakter zu bilden. „Die bayerischen Schulfamilien praktizieren eine gelebte Werteerziehung und die bewusste Entwicklung personaler und sozialer Kompetenzen [...]", heißt es aus dem Kultusministerium.

Quelle: McAuliffe, Christine: Benimm ist in!. In: Schule & wir, Ausgabe 3/2016, S. 16 ff., zu Prüfungszwecken bearbeitet.

1 die Hierarchie: die Rangordnung
2 Dos and Don'ts (engl): was man tun und was man nicht tun sollte

Arbeitsaufträge

1. Ordne die Aussagen (a–i) den Textabschnitten (1–7) zu.
   Eine Aussage ist bereits zugeordnet (c). Eine Aussage passt nicht.
   Trage die Lösung in die Tabelle ein.

Zeile 1–3	**0**
Zeile 4–10	1
Zeile 11–20	2
Zeile 21–26	3
Zeile 27–31	4
Zeile 32–39	5
Zeile 40–47	6
Zeile 48–52	7

a	Im Kurs wird das richtige Gesprächsverhalten eingeübt.
b	Schulen vermitteln Werte.
c	**Junge Menschen interessieren sich auch heute wieder für Knigge.**
d	Umfragen zeigen, dass gute Manieren erwünscht sind.
e	Im dritten Teil des Kurses geht es ausschließlich um den richtigen Umgang mit Besteck.
f	Die Schülerinnen und Schüler trainieren Umgangsformen beim Essen.
g	Der Kurs bereitet auch auf Bewerbungsgespräche vor.
h	Bei den Jugendlichen ist der Kurs sehr beliebt.
i	Eltern setzen sich für die Durchführung von Benimm-Kursen ein.

0	1	2	3	4	5	6	7	passt nicht
c								

_____ von 4 P

2. Die folgenden Aussagen stimmen nicht mit dem Inhalt des Textes überein.
   Korrigiere die Aussagen, ohne den Satzbau zu verändern. Streiche in jedem Satz ein falsches Wort durch und schreibe es richtig auf die Zeile darüber wie im Beispiel.

   Manieren

   Gute ~~Mathematikkenntnisse~~ gehören unbedingt zu einer gelungenen Bildung.

   ____

   Weniger als die Hälfte der befragten Jugendlichen legt viel Wert auf gute Umgangsformen.

____

Auch Ratgeber kennen sich nicht mit jeder Situation sehr gut aus.

____

Die Schülerinnen und Schüler der 9. und 10. Jahrgangsstufe müssen den Knigge-Kurs besuchen.

____

Die Schülerinnen und Schüler erhalten am Kursende ein Attest.

____ von 4 P

3. Nenne stichpunktartig vier Möglichkeiten aus dem Text (Zeilen 21–26), wie man gutes Benehmen zeigen kann.

- ____
- ____
- ____
- ____

____ von 2 P

4. Die folgenden Ausdrücke kommen im Text vor.
Kreuze die jeweils die richtige Bedeutung an (✗). Beachte das Beispiel.

Z. 2/3	„[…] wandeln […] auf Freiherr Knigges Spuren.“	☐	gehen mit Knigge spazieren
		☒	orientieren sich an Knigge
		☐	suchen nach Knigge
Z. 4	„[…] legen […] Wert auf gutes Benehmen.“	☐	finden gutes Benehmen wichtig
		☐	geben Geld für gutes Benehmen aus
		☐	haben eine Meinung zu gutem Benehmen
Z. 7	„[…] wie eine Studie […] belegt.“	☐	wie eine Studie untersucht
		☐	wie eine Studie kritisiert
		☐	wie eine Studie beweist
Z. 27	„[…] findet der Kurs großen Anklang.“	☐	fördert der Kurs musikalisches Wissen
		☐	ist der Kurs beliebt
		☐	wirkt der Kurs

Z. 34	„[…] wir inszenieren auch ein Essen […]“	☐	wir kochen gemeinsam ein Essen
		☐	wir laden die Kursteilnehmer zum Essen ein
		☐	wir spielen ein Essen nach

____ von 2 P

5. Die folgenden Aussagen stehen nicht im Text. Welche zwei Aussagen könnten am wahrscheinlichsten von der Elternbeiratsvorsitzenden stammen? Kreuze an.

☐ Es war schwer, den Elternbeirat von Knigge-Kursen an der Schule zu überzeugen.
☐ Man kann nur zu Hause gutes Benehmen lernen.
☐ Ich bin froh, dass an vielen Schulen Benimm-Kurse organisiert werden.
☐ Es ist sinnvoll, wenn Jugendliche auch mit Gleichaltrigen über gute Manieren sprechen.
☐ In Zukunft führen die Schülerinnen und Schüler die Benimm-Kurse immer selbst durch.

____ von 2 P

6. Welches Zitat passt am besten zur Gesamtaussage des Textes?

☐ Die Unverschämtheit gewisser Leute ist unausstehlich.
(Lucius Apuleius, ca. 123–170, antiker Schriftsteller und Philosoph)

☐ Gute Manieren bestehen aus lauter kleinen Opfern.
(Ralph Walde Emersen, 1803 –1882, amerikanischer Philosoph)

☐ Manieren sind etwas Kostbares. Obwohl man sie umsonst haben kann, sind sie trotzdem unbezahlbar.
(Joachim Panten, 1947–2007, deutscher Apotheker und Publizist)

☐ Ich bin für das Beibehalten des Handkusses. Irgendwo muss man schließlich anfangen.
(Sacha Giutry, 1885 –1957, russischer Schauspieler)

____ von 1 P

Erreichte Gesamtpunktzahl: ____ von 15 P

Teil D: Schreiben

Wähle eine Aufgabengruppe – A oder B – aus.

Aufgabengruppe A

1. Betrachte die Abbildung M 1.

M 1

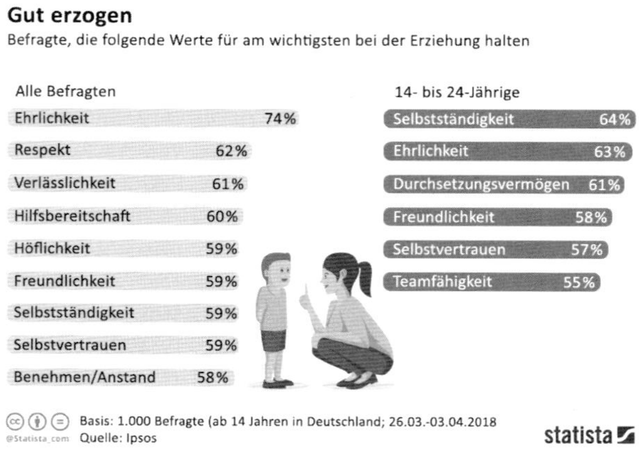

Gut erzogen
Befragte, die folgende Werte für am wichtigsten bei der Erziehung halten

Alle Befragten	
Ehrlichkeit	74%
Respekt	62%
Verlässlichkeit	61%
Hilfsbereitschaft	60%
Höflichkeit	59%
Freundlichkeit	59%
Selbstständigkeit	59%
Selbstvertrauen	59%
Benehmen/Anstand	58%

14- bis 24-Jährige	
Selbstständigkeit	64%
Ehrlichkeit	63%
Durchsetzungsvermögen	61%
Freundlichkeit	58%
Selbstvertrauen	57%
Teamfähigkeit	55%

Basis: 1.000 Befragte (ab 14 Jahren in Deutschland; 26.03.-03.04.2018
Quelle: Ipsos
@Statista.com statista

a) Beschreibe die Abbildung (M 1) unter Angabe von vier Basisinformationen.

Inhalt: ____ von 2 P

Sprache: ____ von 2 P

b) Formuliere zwei wesentliche Aussagen zu der Abbildung (M 1).

____

____

____

____

____

____

____

Inhalt: ____ von 1 P

Sprache: ____ von 1 P

c) Wähle zwei Aspekte aus der Abbildung (M 1) aus, die dir besonders wichtig sind. Begründe deine Auswahl.

____

____

____

____

____

____

____

____

____

Inhalt: ____ von 2 P

Sprache: ____ von 2 P

2. Die neue AG „Netz-Profis" hat es sich zur Aufgabe gemacht, über einen respektvollen Umgang im Internet aufzuklären.
Schreibe einen zusammenhängenden Text (ca. 150 Wörter / ¾ Seite) für die Homepage der Schule, in dem du über die Netz-Profis und ihre Aufgaben informierst und weitere Mitschülerinnen und Mitschüler zum Mitmachen aufrufst. Die Abbildung (M 2) bietet dir Anregungen.

M 2

Neu an der Schule: AG Netz-Profis

Wer sind wir?	Worum geht es?	Was hast Du davon?
Helfer/innen bei Fragen zu Internet, Smartphone etc. für Mitschüler/innen, Lehrkräfte und Eltern	Respekt und Fairness im Internet	Ausbildung zum Netz-Profi mit Zertifikat
	Recht am Bild	Mediencamps mit Teams von anderen Schulen
	Gefahren und Risiken im Netz	
	Fake News und ihre Folgen	

Inhalt: ____ von 10 P

Sprache: ____ von 10 P

Erreichte Gesamtpunktzahl: ____ von 30 P

Aufgabengruppe B

1. Betrachte das Bild (M 3).

M 3

a) Beschreibe die Abbildung (M 3) in zwei bis drei Sätzen.

Inhalt: ____ von 2 P

Sprache: ____ von 2 P

b) Beurteile das Verhalten des Jungen und begründe deine Meinung.

Inhalt: ____ von 2 P

Sprache: ____ von 2 P

c) Schildere ein Beispiel aus deinem persönlichen Erfahrungsbereich, das zu der dargestellten Situation passt.

Inhalt: ____ von 1 P

Sprache: ____ von 1 P

2. Du nimmst im Rahmen einer Projektwoche an deiner Schule an einem Schreibwettbewerb zu folgendem Thema teil:

Gutes Benehmen macht das Leben leichter

Schreibe einen zusammenhängenden, gegliederten Text (ca. 150 Wörter / ¾ Seite), in dem du deine Erfahrungen und Vorstellungen dazu ausführst.

Inhalt: ____ von 10 P

Sprache: ____ von 10 P

Erreichte Gesamtpunktzahl: ____ von 30 P

Lösungsvorschläge

Teil A: Zuhören

Hörtext 1

Selina	Hallo, Frau Meier!
Frau Meier	Grüß dich, Selina, wie geht es dir?
Selina	Danke, eigentlich ganz gut. Ich habe eine Einladung zum Vorstellungsgespräch von meinem Lieblingsdrogeriemarkt bekommen. Aber …
Frau Meier	Super, das sind doch gute Neuigkeiten! Stimmt was nicht?
Selina	Na ja, ich hab so Angst davor, etwas Falsches zu sagen oder, noch schlimmer, gar kein Wort rauszubringen. Ich möchte doch den Ausbildungsplatz dort unbedingt haben.
Frau Meier	Immer mit der Ruhe, Selina. Allein die Tatsache, dass du eine Einladung zum Vorstellungsgespräch bekommen hast, heißt ja schon mal, dass deine Unterlagen gut angekommen sind.
Selina	Meinen Sie wirklich?
Frau Meier	Aber sicher. Die Personalabteilung hat deine Bewerbung angeschaut und entschieden, dass sie mehr über dich erfahren möchte.
Selina	Und wie kann ich sie jetzt am besten von mir überzeugen? Können Sie mir dazu vielleicht ein paar Tipps geben?
Frau Meier	Gerne. Die wichtigsten Punkte für ein erfolgreiches Vorstellungsgespräch kennst du ja schon aus unserem Workshop mit der Klasse: Neben einer guten inhaltlichen Vorbereitung sind das Pünktlichkeit, gepflegtes Erscheinungsbild, höfliches Auftreten, aktives Zuhören und …
Selina	… bewusste Körpersprache. Ich erinnere mich genau. Also aufrecht sitzen, nicht mit dem Stuhl kippeln, Hände locker in den Schoß legen. Oh, und nicht Kaugummi kauen!
Frau Meier	Spitze, Selina! Damit du bei dem Gespräch zeigen kannst, dass du genau die Richtige bist, solltest du dich noch zusätzlich vorbereiten. Mach kurz vor dem Termin zunächst einmal ein paar Entspannungsübungen, um die Aufregung zu kontrollieren.
Selina	Sie meinen zum Beispiel so was wie die Atemübungen aus unserem Workshop?

Frau Meier	Ja, genau. Und dann ruf dir noch einmal ganz bewusst ins Gedächtnis, dass es sich um ein Kennenlerngespräch handelt, bei dem du ganz du selbst sein kannst. Schau dazu vorher in den Spiegel, lächle dich selber an und sage selbstbewusst: „Ich schaffe das!“
Selina	Kann ich vielleicht auch in meine Handykamera lächeln?
Frau Meier	Warum nicht? Aber vergiss danach keinesfalls, dein Handy auszuschalten!
Selina	Na klar. Ein klingelndes Handy in einem Vorstellungsgespräch wäre doch sehr peinlich.
Frau Meier	Wenn dann das Vorstellungsgespräch beginnt und du immer noch aufgeregt bist, sei ganz offen und sage etwas wie: .Ich bin heute ganz schön aufgeregt, weil ich mich so über die Einladung zum Vorstellungsgespräch gefreut habe."
Selina	Sie meinen, Offenheit kommt gut an?
Frau Meier	Unbedingt. Offen sein, glaubwürdig sein und interessiert sein. Stelle unbedingt Rückfragen an dein Gegenüber, wenn du die Möglichkeit dazu hast.
Selina	Was für Fragen eignen sich denn da? Fragen nach dem Unternehmen oder der Ausbildung?
Frau Meier	Ja, zum Beispiel. Und du solltest auch darauf gefasst sein, dass die Unternehmen manchmal ganz ungewöhnliche Fragen stellen, wie etwa: „Wenn Sie ein Tier wären, welches wären Sie und warum?“
Selina	Darauf kann ich ihnen gleich antworten: Ich wäre gerne ein Elefant, weil die ein sehr gutes Gedächtnis haben!
Frau Meier	(lacht) Selina, ich sehe schon, du bist viel entspannter als noch vor ein paar Minuten.
Selina	Ihre Tipps haben mir auch schon sehr geholfen, Frau Meier. Vielen Dank!
Frau Meier	Sehr gerne. Ich wünsche dir viel Erfolg für dein Vorstellungsgespräch. Lass mich wissen, wie es dir ergangen ist.
Selina	Das mach ich auf jeden Fall. Auf Wiedersehen, Frau Meier.
Frau Meier	Auf Wiedersehen, Selina.

Aufgabe zu Hörtext 1

Hinweis: *Die richtigen Antworten kommen mehr oder weniger wortwörtlich im Hörtext vor. Zwischen Antwort 4 und 5 kommt viel Text, der zu keiner der Fragen passt. Lass dich davon nicht irritieren.*

(1) Selina hat Angst davor, dass sie bei dem Vorstellungsgespräch …

- ☐ unpünktlich ist.
- ☒ kein Wort herausbringt.
- ☐ nicht gepflegt genug wirkt.

Hinweis: *Im Hörtext wird gesagt: „Na ja, ich hab so Angst davor, etwas Falsches zu sagen oder, noch schlimmer, gar kein Wort rauszubringen."*

(2) Im Workshop mit der Klasse hat Selina gelernt, …

- ☒ dass aktiv zuzuhören wichtig ist.
- ☐ wie man einen Termin vereinbart.
- ☐ eine Bewerbung zu schreiben.

Hinweis: *Im Hörtext wird gesagt: „Die wichtigsten Punkte für ein erfolgreiches Vorstellungsgespräch kennst du ja schon aus unserem Workshop mit der Klasse: […], aktives Zuhören und …"*

(3) Laut der Berufsberaterin helfen zur Entspannung kurz vor dem Gespräch …

- ☒ Atemübungen.
- ☐ Dehnübungen.
- ☐ Sprechübungen.

Hinweis: *Im Hörtext wird gesagt: „Sie meinen zum Beispiel so was wie die Atemübungen aus unserem Workshop?"*

(4) Selina soll selbstbewusst zu sich sagen: …

- ☐ „Ich mag das."
- ☒ „Ich schaffe das."
- ☐ „Ich verdiene das."

Hinweis: *Im Hörtext wird gesagt: „Schau dazu vorher in den Spiegel, lächle dich selber an und sage selbstbewusst: ‚Ich schaffe das!'"*

(5) Selina wäre gerne ein Elefant, weil …

- ☐ er so entspannt ist.
- ☒ sein Gedächtnis so gut ist.
- ☐ er ein ungewöhnliches Tier ist.

Hinweis: *Im Hörtext wird gesagt: „Ich wäre gerne ein Elefant, weil die ein sehr gutes Gedächtnis haben!"*

Hörtext 2

Moderatorin	Hallo liebe Zuhörerinnen und Zuhörer und herzlich willkommen zu einer neuen Sendung eures beliebten Schulradios! Passend zu unserer Themenwoche „Benimm ist in!“ erfahrt ihr heute etwas über den Knigge. Wer oder was das ist, berichtet euch jetzt exklusiv unser Lehrer Herr Müller. Bitteschön, Herr Müller.
Herr Müller	Vielen Dank und auch von mir ein herzliches Willkommen an alle Zuhörerinnen und Zuhörer! Gerne verrate ich euch heute mehr über den Knigge. Genauer gesagt spreche ich von Adolph Freiherr Knigge, der heutzutage als Vater der Benimmregeln bekannt ist. Aber eigentlich war ja alles ganz anders. Der Schriftsteller Adolph Knigge wurde 1752 als Sohn einer verarmten Adelsfamilie im niedersächsischen Bredenbeck geboren. 1766 wurde er mit nur 14 Jahren Vollwaise und bekam einen Vormund, der ihn zum Privatunterricht nach Hannover schickte. Von seinen Eltern hatte er zwar ein Schloss geerbt, das war aber hoch verschuldet. Von 1769 bis 1772 studierte Knigge Jura und Buchhaltung in Göttingen. Seine erste Anstellung als Verwalter erhielt er anschließend beim Landgrafen von Hessen-Kassel, wo er allerdings nicht lange bleiben konnte. Die Adelsgesellschaft fand sein Benehmen nämlich nicht angemessen, was ja gar nicht nach einem Vater der Benimmregeln klingt. Angeblich zeigte er auch beim Werben um seine Braut nicht gerade das beste Benehmen: Er soll ihr als Scherz den Schuh gestohlen und sie dadurch bei Hofe lächerlich gemacht haben. Aber 1773 fand die Hochzeit trotzdem statt und das Paar gründete eine Familie. Knigges einzige Tochter wurde 1775 geboren. Eine weitere Anstellung erhielt der junge Vater 1776 am Hofe des Herzogs von Sachsen-Weimar. Nach verschiedenen Stationen an deutschen Fürstenhöfen hatte Knigge jedoch genug vom Dasein eines sogenannten Höflings. In seinem satirischen Roman „Geschichte Peter Clausens“ verspottete er die adelige Gesellschaft später sogar. Ab 1780 widmete sich Knigge an seinem neuen Wohnort Frankfurt am Main ganz seinen schriftstellerischen Tätigkeiten. 1788 veröffentlichte er schließlich seine Aufklärungsschrift „Über den Umgang mit Menschen“. Da ihm ein friedliches und wertschätzendes Zusammenleben sehr wichtig war, sollte die Schrift allgemeingültige Antworten auf die Frage geben, wie ein Mensch glücklich leben und dabei seinen eigenen Ansprüchen und denen der Gesellschaft gerecht werden kann. Gutes Benehmen war dabei eigentlich gar nicht sein Schwerpunkt gewesen. Erst nach Knigges Tod im Jahre 1796 erweiterte der Verlag das Buch um Benimmregeln, die immer wieder ergänzt wurden. So wurde mit der Zeit aus der Aufklärungsschrift ein Benimmbuch mit Tipps und Ratschlägen für gutes Benehmen.

Moderatorin	Vielen Dank, Herr Müller. Jetzt wisst ihr also Bescheid, wer Knigge war und wofür Knigge heute steht. Euer Schulradio sagt vielen Dank fürs Zuhören und Tschüss bis zum nächsten Mal.

Aufgabe zu Hörtext 2

Hinweis: *Überlege dir vor dem Anhören, welche Art von Antwort die Lücke erfordert. Zum Beispiel solltest du dich bei Lücke 1 auf eine Jahreszahl konzentrieren, bei Lücke 2 auf einen Ort, bei Lücke 3 auf ein Studienfach, bei Lücke 4 auf einen Romantitel und bei Lücke 5 wieder auf eine Jahreszahl.*

Ich wurde im Jahr (1) **1752** geboren. Mit 14 Jahren, nach dem Tod meiner Eltern, wurde ich zum Privatunterricht nach (2) **Hannover** geschickt. Später studierte ich in Göttingen Jura und (3) **Buchhaltung**. In meinem ersten Roman, (4) „**Geschichte** Peter Clausens", mache ich mich über die adelige Gesellschaft lustig. Mein berühmtestes Werk aber, „Über den Umgang mit Menschen", veröffentlichte ich im Jahr (5) **1788**. Dieses Buch gibt es in erweiterter Form heute noch als Ratgeber für gutes Benehmen.

Hinweis:
Zu (1): Im Hörtext wird gesagt: „Der Schriftsteller Adolph Knigge wurde 1752 als Sohn einer verarmten Adelsfamilie im niedersächsischen Bredenbeck geboren."
Zu (2): Im Hörtext wird gesagt: „[…] der ihn zum Privatunterricht nach Hannover schickte."
Zu (3): Im Hörtext wird gesagt: „Von 1769 bis 1772 studierte Knigge Jura und Buchhaltung in Göttingen."
Zu (4): Im Hörtext wird gesagt: „In seinem satirischen Roman ‚Geschichte Peter Clausens' verspottete er die adelige Gesellschaft später sogar."
Zu (5): Im Hörtext wird gesagt: „1788 veröffentliche er schließlich seine Aufklärungsschrift ‚Über den Umgang mit Menschen'."

Hörtext 3

Sascha	Entschuldigt bitte, ich musste wieder ewig auf den Bus warten.
Opa	Macht nichts, Sascha. Aber sag mal, wie siehst du denn eigentlich aus? Warst du tatsächlich mit dieser Hose in der Schule?
Sascha	Wieso?
Opa	Deine Hose besteht ja nur noch aus Löchern.
Sascha	Opa, das trägt man jetzt so.
Opa	Ach was, das hätte es bei uns nicht gegeben. So geht man doch nicht aus dem Haus.
Oma	Aber Georg, die Zeiten ändern sich eben. Weißt du noch, wie das damals mit meiner ersten Jeanshose war?
Sascha	Ach, jetzt wird's interessant. Was war denn da, Oma?
Oma	Meine erste Jeans habe ich mir heimlich gekauft. Dafür musste ich mir lange das Geld zusammensparen. Ich habe sie dann immer in meine Tasche gepackt und mich vor dem Unterricht in der Schultoilette umgezogen.
Sascha	Was ist denn dann an deiner Jeans so schlimm?
Oma	Schlimm?! Grundsätzlich galt damals für unsere Eltern JEDER, der eine Jeans trug, als rebellisch. Als jemand, der sich nicht benehmen kann und nicht weiß, was sich gehört.
Sascha	Ich verstehe nicht, was an einer Jeans „rebellisch" sein soll. Wir hatten das Thema „Jeans" sogar im GPG-Unterricht. Wenn ich mich recht erinnere, hat in Deutschland heutzutage jeder fünf bis acht Jeans im Schrank.
Opa	Ja, heute mag das ja normal sein. Und ganz früher war die Jeans auch nur eine einfache Arbeiterhose. Aber in den 50er-Jahren wurde sie zum Skandal! Als junge Stars in den damals angesagten amerikanischen Kinofilmen erstmals Jeanshosen trugen, wurden die Jeans plötzlich zu einem Symbol für Freiheit und Unabhängigkeit.
Oma	Oder für Ungehorsam! Eltern hatten plötzlich Angst, dass sich ihre Kinder gegen sie auflehnen könnten. Die Jeans war nämlich auch ein Zeichen des Protests gegen alles, was der Jugend nicht gefiel.
Sascha	Und deshalb musstest du die Jeans heimlich tragen?
Oma	Genau! Aber immerhin konnte ich sie überhaupt tragen. Meine Cousine Lara, die ja in den USA lebt, hat mir mal erzählt, dass Jeans an amerikanischen Schulen früher sogar verboten waren. Dort gab es teilweise strenge Kleidungsvorschriften, die für Jungs dunkle Stoffhosen und für Mädchen selbstverständlich nur knielange Röcke vorschrieben.

Opa	Naja, als dann später die Miniröcke in Mode kamen, galt das genau wie bei den Jeans auch nicht gerade als anständig!
Sascha	Aber das sind doch alles nur Äußerlichkeiten, das hat doch nichts mit Anstand zu tun. Auch die Sache mit der Kappe nervt unglaublich. Ständig verlangen Erwachsene von uns, sie abzunehmen.
Opa	Also da gab es früher absolut keine Diskussion. Es gehörte sich einfach nicht, mit Hut am Tisch zu sitzen, zumindest als Mann. Und es war auch ein Muss, zur Begrüßung den Hut zu ziehen. Wer das nicht machte, galt als respektlos und unhöflich.
Oma	Und auch die Wahl der Kleidung gehört insgesamt in gewissen Situationen zu Respekt und Anstand dazu, mein lieber Sascha. Im Privaten kann man ja tragen, was man möchte. Aber …
Sascha	… in der Öffentlichkeit muss man sich an gewisse Regeln halten, wenn man nicht anecken möchte. Ich weiß schon.
Opa	Ganz genau! Aber dass du trotz deiner Löcher in der Hose (lacht) ein ganz anständiger Kerl bist, dass wissen wir ja!
Sascha	Danke, Opa! (ironisch) Da bin ich aber froh, dass du das so siehst.

Aufgabe zu Hörtext 3

Hinweis: *Bei dieser Aufgabe kommen die Lösungen nicht immer wortwörtlich vor, sondern müssen meistens aus dem Zusammenhang erschlossen werden. Außerdem musst bei den falschen Aussagen aufpassen. Sie ähneln Aussagen aus dem Hörtext, nur Details wurden verändert.*

(1) Der Großvater hat Verständnis für Saschas Kleidungsstil. ☐

(2) Die Großmutter hat ihre erste Jeans von ihrem eigenen Geld gekauft. ☒

(3) Vor der Schule konnte man sich in der Umkleidekabine umziehen. ☐

(4) Jeder Deutsche besitzt mindestens acht Jeans. ☐

(5) Ursprünglich war die Jeans eine Arbeiterhose. ☒

(6) Die Jeans wurde zum Symbol für Amerika. ☐

(7) An amerikanischen Schulen musste man früher Stoffhosen und Röcke tragen. ☒

(8) Erwachsene finden Kappen unmodern. ☐

(9) Es galt als höflich, zur Begrüßung den Hut abzunehmen. ☒

(10) Die Großmutter akzeptiert, dass man im Privatleben anzieht, was man möchte. ☒

Hinweis:
Zu (2): Im Hörtext wird gesagt: „Meine erste Jeans habe ich mir heimlich gekauft. Dafür musste ich mir lange das Geld zusammensparen.“

Zu (5): Im Hörtext wird gesagt: „Und ganz früher war die Jeans auch nur eine einfache Arbeiterhose."
Zu (7): Im Hörtext wird gesagt: „Dort gab es teilweise strenge Kleidungsvorschriften, die für Jungs dunkle Stoffhosen und für Mädchen selbstverständlich nur knielange Röcke vorschrieben."
Zu (9): Im Hörtext wird gesagt: „Und es war auch ein Muss, zur Begrüßung den Hut zu ziehen."
Zu (10): Im Hörtext wird gesagt: „Im Privaten kann man ja tragen, was man möchte."

Teil B: Sprachgebrauch

Sprachbetrachtung

1. Auch angemessenes (1) **Verhalten** gehört zu den Umgangsformen. Dies gilt nicht nur für den (2) **Besuch** im Restaurant, sondern auch für das (3) **Essen** in der Schulmensa. Der richtige (4) **Gebrauch** von Messer, Gabel und Löffel ist selbstverständlich. Die Schülerinnen und Schüler haben die (5) **Erlaubnis**, sich in der Mensa in gemäßigter Lautstärke zu unterhalten. Nach der Mahlzeit müssen die Tische abgeräumt und abgewischt werden. Denn auf (6) **Ordnung** legt man großen Wert.

   Hinweis: *Du sollst in jede Lücke ein Nomen einsetzen. Die Wörter, die du einsetzt, werden also alle großgeschrieben.*

2. (1) Olga überlegt, wann **sie morgen losgehen soll.**

   (2) Sie wiederholt wichtige Regeln für das Bewerbungsgespräch, damit **sie einen guten Eindruck macht.**

   (3) Der schwarze Rock steht ihr besonders gut, deshalb **wird sie ihn morgen anziehen.**

   Hinweis: *Achte auf das erste Wort hinter dem Komma. Es gibt vor, wo in deinem Teilsatz das konjugierte (gebeugte) Verb stehen muss. „Wann" und „damit" leiten Nebensätze ein. Das Verb steht also am Satzende. „Deshalb" steht an Position 1 und das Verb direkt danach. Inhaltlich leitet „wann" hier eine indirekte Frage nach einem Zeitpunkt ein, „damit" eine Absicht und „deshalb" zeigt an, dass der erste Teil des Satzes einen Grund angibt.*

3. Im Zusammenhang mit (**0**) **guten** Manieren kommt man um den Namen „Knigge" nicht herum. Denn das „Benimmbuch" aus dem 18. Jahrhundert hat trotz seines (1) **Alters** nicht an Bedeutung (2) **verloren**. Die Deutsche-Knigge-Gesellschaft hat es sich zur Aufgabe gemacht, die Regeln für gutes Benehmen ständig zu überprüfen, zu erweitern und an die (3) **moderne** Zeit anzupassen. Auch in vielen (4) **Benimmkursen** dient der „Knigge" immer noch als Grundlage.

   Hinweis: *(1) Die Präposition „trotz" wird mit dem Genitiv gebraucht. (2) Zusammen mit dem Hilfsverb „hat" muss hier das Perfekt von „verlieren" gebildet werden. Hierfür muss man den Infinitiv in das Partizip Perfekt setzen. (3) Das Adjektiv „modern" muss an das Nomen „Zeit" (feminin, Singular, mit bestimmtem Artikel) angepasst werden. (4) Das Wort „viele" zeigt an, dass das folgende Nomen im Plural stehen muss.*

4. Als Luca nach der Schule in den Bus steigt **,** stößt er versehentlich mit einem Mitschüler zusammen **.** Sofort murmelt er: **„** Es tut mir leid **.** **"**

   Hinweis: *Für jedes richtige Setzzeichen bekommst du einen halben Punkt. Die Konjunktion „als" leitet einen Nebensatz ein. Dieser endet mit einem Komma nach dem ersten konjugierten (gebeugten) Verb (hier: „steigt"). Die Großschreibung des Adverbs „sofort" zeigt, dass hier ein neuer Satz beginnt. Nach „zusammen" muss also ein Punkt gesetzt werden. Der letzte Satz ist eine wörtliche Rede. Diese steht in Anführungszeichen und endet mit einem Punkt.*

Rechtschreiben

5. Schon die Kleinsten sollten Höflichkeit lernen, denn der respektvolle Umgang miteinander gehört zur Basis unserer Gesellschaft. Die Vorbildfunktion der Eltern spielt eine große Rolle.

   Hinweis: *Hier musst du entscheiden, welche Wörter großgeschrieben werden. Dies sind die Wörter am Satzanfang und alle Nomen. Außerdem gibt es ein substantiviertes Adjektiv („Kleinsten“).*

6. Auch im Sport werden gutes Benehmen und Rücksicht belohnt. In jedem Fußballspiel wird darum **gekämpft**, wer die meisten Tore erzielt. Während die **Siegermannschaft** bejubelt wird, verlassen die Verlierer enttäuscht den Platz. Doch auch Fairness wird **vielfach** anerkannt. Seit 1997 **verleiht** der Fußballbund für besonders faires Verhalten sogar einen Preis.

   Hinweis: *Achte auf Folgendes, um die richtigen Schreibweisen zu finden:*
   gekämpft: Das verwandte Nomen „Kampf“ zeigt, dass das Verb „kämpfen“ mit ***ä*** *geschrieben wird.*
   Siegermannschaft: Hier steckt das Wort „Mann“ drin. Deshalb schreibt man ***Doppel-m****.*
   vielfach: Das Wort leitet sich von „viel“ ab. Man schreibt es also mit ***v****.*
   verleiht: Der Infinitiv ist „verleihen“. Deshalb schreibt man die konjugierte (gebeugte) Form auch mit ***h****.*

Teil C: Lesen

1. ***Hinweis:*** *Du solltest zuerst die Aussagen in der rechten Spalte lesen. Anschließend liest du die einzelnen Textabschnitte noch einmal und ordnest jedem davon die passende Aussage zu. Eine Aussage passt zu keinem Absatz. Den entsprechenden Buchstaben trägst du in der Tabelle ganz rechts ein.*

1	2	3	4	5	6	7	passt nicht
d	**i**	**a**	**h**	**f**	**g**	**b**	**e**

2. ***Hinweis:*** *Hier siehst du die Textstellen, die dir helfen, die richtige Lösung zu finden:*
(1) „56 Prozent der Befragten Jugendlichen war es wichtig ‚gute Manieren zu haben'" (Z. 9/10)
(2) „Tatsächlich wissen ja auch wir Eltern nicht mit allen Situationen perfekt umzugehen." (Z. 15)
(3) „Schließlich wurde den Schülerinnen und Schülern der 9. und 10. Jahrgangsstufe ermöglicht, den Kurs als Wahlfach zu belegen." (Z. 19/20)
(4) „Nach dem Kurs erhalten die Schülerinnen und Schüler ein Zertifikat, das sie auch bei Vorstellungsgesprächen vorlegen können." (Z. 45/46)

   Gute **Manieren** gehören unbedingt zu einer gelungenen Bildung. **Mehr** als die Hälfte der befragten Jugendlichen legt viel Wert auf gute Umgangsformen. Auch **Eltern** kennen sich nicht mit jeder Situation sehr gut aus. Die Schülerinnen und Schüler der 9. und 10. Jahrgangsstufe **dürfen** den Knigge-Kurs besuchen. Die Schülerinnen und Schüler erhalten am Kursende ein **Zertifikat**.

3. ***Hinweis:*** *Lies den angegebenen Abschnitt noch einmal genau durch.*
   - durch Höflichkeit
   - andere aussprechen lassen
   - wen duzen und wen siezen
   - wer bietet wem das „Du" an

4. ***Hinweis:*** *Wenn du dir bei einem Ausdruck nicht sicher bist, dann lies noch einmal die Stelle im Text nach. Vielleicht kannst du dir die Bedeutung im Gesamtzusammenhang erschließen.*

Z. 4	„[…] legen […] Wert auf gutes Benehmen."	☒	finden gutes Benehmen wichtig
		☐	geben Geld für gutes Benehmen aus
		☐	haben eine Meinung zu gutem Benehmen

Z. 7	„[…] wie eine Studie […] belegt.“	☐	wie eine Studie untersucht
		☐	wie eine Studie kritisiert
		☒	wie eine Studie beweist
Z. 27	„[…] findet der Kurs großen Anklang.“	☐	fördert der Kurs musikalisches Wissen
		☒	ist der Kurs beliebt
		☐	wirkt der Kurs
Z. 34	„[…] wir inszenieren auch ein Essen […]“	☐	wir kochen gemeinsam ein Essen
		☐	wir laden die Kursteilnehmer zum Essen ein
		☒	wir spielen ein Essen nach

5. ***Hinweis:*** *Die Elternbeiratsvorsitzende kommt in den Zeilen 12 bis 17 zu Wort. Lies dir diesen Abschnitt noch einmal durch. Die dritte Aussage könnte von der Elternbeiratsvorsitzenden stammen, da sie zum Ausdruck bringt, dass sie den Kurs sehr sinnvoll findet. Die vierte Aussage kommt indirekt vor, indem sie sagt, dass es gut für die Kinder ist, „gemeinsam mit Freunden über gutes Benehmen in verschiedenen Lebenslagen zu reden“ (Z. 14/15).*

   ☐ Es war schwer, den Elternbeirat von Knigge-Kursen an der Schule zu überzeugen.

   ☐ Man kann nur zu Hause gutes Benehmen lernen. Ich bin froh, dass an vielen Schulen Benimm-Kurse organisiert werden.

   ☒ Es ist sinnvoll, wenn Jugendliche auch mit Gleichaltrigen über gute Manieren sprechen.

   ☒ In Zukunft führen die Schülerinnen und Schüler die Benimm-Kurse immer selbst durch.

6. ***Hinweis:*** *Beim Finden der richtigen Lösung kann es dir auch helfen, eindeutig falsche Möglichkeiten auszuschließen. Um Unverschämtheit (erstes Zitat) geht es im Text gar nicht. Dass gute Manieren Opfer erfordern (zweites Zitat), wird auch nicht thematisiert. Auch Handküsse (viertes Zitat) kommen nicht vor. Bleibt also die dritte Antwortmöglichkeit.*

   ☐ Die Unverschämtheit gewisser Leute ist unausstehlich.
   (Lucius Apuleius, ca. 123–170, antiker Schriftsteller und Philosoph)

   ☐ Gute Manieren bestehen aus lauter kleinen Opfern.
   (Ralph Walde Emersen, 1803 –1882, amerikanischer Philosoph)

   ☒ Manieren sind etwas Kostbares. Obwohl man sie umsonst haben kann, sind sie trotzdem unbezahlbar.
   (Joachim Panten, 1947–2007, deutscher Apotheker und Publizist)

   ☐ Ich bin für das Beibehalten des Handkusses. Irgendwo muss man schließlich anfangen.
   (Sacha Giutry, 1885 –1957, russischer Schauspieler)

Teil D: Schreiben

Aufgabengruppe A

1. a) ***Hinweis:*** *Als Basisinformationen gelten beispielsweise die Fragestellung, die Gruppe der Befragten, der Befragungszeitraum, die Quelle und die Darstellungsform. Mindestens vier dieser Angaben musst du in deiner Antwort verwenden.*

   Die Abbildung zeigt die Ergebnisse einer statistischen Erhebung zu der Frage, welche Werte bei der Erziehung für am wichtigsten gehalten werden. Hierfür wurden 1 000 Menschen in Deutschland ab 14 Jahren zwischen dem 26. 03. und dem 03. 04. 2018 befragt. Die Ergebnisse werden für alle Befragten angezeigt sowie für die Gruppe der 14- bis 24-Jährigen.

   b) ***Hinweis:*** *Hier gibt es viele Möglichkeiten, eine richtige Antwort zu formulieren. Du kannst zum Beispiel auf die Ergebnisse mit der meisten oder der wenigsten Zustimmung eingehen. Oder du formulierst eine Aussage, die grundsätzlich einen hohen Prozentsatz der Befragten betrifft.*

   Fast drei Viertel aller Befragten halten Ehrlichkeit für den wichtigsten Wert bei der Erziehung. Bei den 14- bis 24-Jährigen ist Selbstständigkeit der wichtigste Wert bei der Erziehung.

   c) ***Hinweis:*** *Überlege, welche Werte dir bei deiner eigenen Erziehung, vielleicht auch im Rückblick, besonders wichtig sind. Gibt es etwas, was dir gefehlt hat? Oder gibt es etwas, was deinen Eltern deiner Meinung nach besonders gut gelungen ist?*

   Mir ist bei der Erziehung vor allem Selbstständigkeit wichtig. Ich selbst wurde so erzogen, dass ich schnell gelernt habe, mir die Schuhe zu binden, mir ein Brot zu schmieren und selbstständig Hausaufgaben zu machen. Je mehr meine Eltern gemerkt haben, dass ich selbstständig bin, desto mehr Freiheiten haben sie mir gelassen. Außerdem finde ich Hilfsbereitschaft wichtig. Man sollte so erzogen werden, dass man Schwächeren hilft. Man selbst ist auch froh, wenn man Hilfe bei einer Sache bekommt, die man nicht so gut beherrscht.

2. ***Hinweis:*** *Die Aufgabenstellung gibt vor, dass du mit deinem Text informieren und andere zum Handeln aufrufen sollst. Es ist also ein appellativer Text gefordert. Deine Mitschülerinnen und Mitschüler sollen Lust bekommen und die Notwendigkeit erkennen, euch bei der AG „Netz-Profis“ zu unterstützen. Nutze die vorgegebenen Informationen, indem du sie ausschmückst, und sprich den Leser oder die Leserin bei deinem Aufruf direkt an („du“).*

   Wir suchen Netz-Profis!

   Wir sind die neue AG „Netz-Profis“. Mitschülerinnen und Mitschüler, Lehrkräfte und Eltern können sich bei inhaltlichen Fragen rund ums Internet und Smartphone an uns wenden. Wir helfen gerne!

   Unser Ziel ist ein respektvoller und fairer Umgang im Internet. Hierzu informieren wir über die „Netiquette“ und klären über Rechte an Fotos und Bildern auf. Außerdem wollen wir auf Gefahren und Risiken im Internet aufmerksam machen, z. B. über die Weitergabe persönlicher Daten oder Bezahlfallen. Informationen über Fake News stehen bei uns ebenfalls auf

dem Programm. Denn gerade in Zeiten künstlicher Intelligenz wird es immer wichtiger, echte Nachrichten von erfundenen unterscheiden zu können.
Du siehst, wir haben viel zu tun. Deshalb brauchen wir dich! Du erhältst bei uns eine Ausbildung zum Netz-Profi, bei der du Genaueres über alle oben aufgeführten Themen lernst. Am Ende erhältst du ein Zertifikat. Außerdem treffen wir uns regelmäßig mit Teams anderer Schulen in Mediencamps. Dort tauschen wir uns zwei Tage lang aus und auch der Spaß kommt nicht zu kurz.
Wenn du Interesse hast, dann komm einfach freitags um 13.15 Uhr in Raum 315.
Wir freuen uns auf dich! *(181 Wörter)*

Aufgabengruppe B

1. a) **Hinweis:** *Achte bei der Beschreibung auch auf die Mimik der Figuren und auf den Text in der Sprechblase.*

   Die Karikatur zeigt eine Familie am Esstisch. Vater und Mutter sitzen links, der Sohn sitzt rechts und schaut auf sein Handy, während er die Gabel zum Mund führt. Der Vater sieht sauer aus und ermahnt den Sohn, dass man mit vollem Mund nicht aufs Handy sehe. Die Mutter sitzt schweigend zwischen den beiden.

   b) ***Hinweis:*** *Du hast hier die Wahl: Findest du das Verhalten des Jungen in Ordnung oder nicht? Für beide Seiten lassen sich Begründungen finden. Achte darauf, dass deine Begründung nachvollziehbar und verständlich ist.*

   Ich finde, dass das Verhalten des Jungen zwar alltäglich, aber sehr unhöflich ist. Beim Essen mit der Familie sollte man sein Handy zur Seite legen. Es sollte die Zeit sein, zu der man sich über die Erlebnisse des Tages, zum Beispiel in der Schule, austauscht. Wenn man dabei die ganze Zeit auf sein Smartphone sieht, ist das sehr respektlos. Es wirkt, als hätte man kein Interesse an seiner Familie.

   oder:

   Ich finde das Verhalten des Jungen in Ordnung. Das Handy gehört heute zum Alltag und ist überall mit dabei. Dadurch können die meisten Leute auch Gesprächen folgen, während sie sich mit ihrem Smartphone beschäftigen. Der Junge hört also wahrscheinlich zu und er macht nichts Böses.

   c) ***Hinweis:*** *Überlege, in welchen Situationen du es selbst merkwürdig oder unhöflich findest, wenn jemand auf sein Handy sieht.*

   Es gibt Situationen mit Freundinnen und Freunden, die sind ähnlich wie auf dem Bild dargestellt. Wir sitzen alle zusammen und unterhalten uns. Gleichzeitig haben alle ihr Handy in der Hand und schreiben Nachrichten. So ist man nie sicher, ob wirklich alle zuhören, wenn man spricht. Solche Situationen gibt es leider sehr oft.

2. **Hinweis:** *Hier kannst du relativ frei schreiben. Du musst keine bestimmten Textsortenmerkmale beachten. Trotzdem solltest du einen zusammenhängenden und strukturierten Text schreiben. Formuliere ihn in der Ich-Form. Inhaltlich darfst du nicht zu allgemein schreiben. Es geht nicht einfach nur um gutes Benehmen, sondern um die These, dass gutes Benehmen das Leben leichter macht, also hilfreich ist. Du kannst hierbei an drei Lebensbereiche denken und Beispiele aus deinem Alltag nennen.*

Gutes Benehmen macht das Leben leichter

In meinem jungen Alter habe ich schon öfter die Erfahrung gemacht, dass gutes Benehmen das Leben leichter macht.

In der Schule erleichtern gute Manieren und ein respektvoller Umgang miteinander den schulischen Alltag. Man lässt zum Beispiel die anderen aussprechen, beleidigt niemanden und akzeptiert andere Einstellungen. Dann gibt es weniger Konflikte, man schafft eine gute Arbeitsatmosphäre und man geht gerne in die Schule.

Auch bei der Suche nach einem Ausbildungsplatz habe ich gemerkt, dass gutes Benehmen hilfreich ist. Wenn man pünktlich ist, die Menschen grüßt und ihnen in die Augen sieht, macht man einen guten Eindruck. Das erhöht die Chancen, eine Stelle zu bekommen.

Ein friedliches Familienleben erreicht man ebenfalls mit guten Manieren. Wenn ich mich an Abmachungen halte und respektvoll mit meinen Eltern und Geschwistern umgehe, gibt es weniger Streitereien. Manchmal erlauben mir meine Eltern dann auch eigentlich verbotene Dinge – wie abends länger bei Freunden zu bleiben.

Die Beispiele aus Schule, Arbeit und Familie zeigen: Gutes Benehmen lohnt sich, denn es trägt zu einem stressfreien Miteinander bei! *(167 Wörter)*